불꽃 열정으로
이 땅을 밟은 첫 선교사

언더우드

Horace Grant Underwood 1859 -1916

불꽃 열정으로
이 땅을 밟은 첫 선교사

언더우드

ⓒ 생명의말씀사 2020

2020년 5월 10일 1판 1쇄 발행

펴낸이 | 김재권
펴낸곳 | 생명의말씀사

등록 | 1962. 1. 10. No.300-1962-1
주소 | 서울시 종로구 경희궁1길 5-9(03176)
전화 | 02)738-6555(본사) · 02)3159-7979(영업)
팩스 | 02)739-3824(본사) · 080-022-8585(영업)

지은이 | 이희갑
그림 | 강수진
감수 | 민현식

기획편집 | 유선영, 박보영, 최은용
디자인 | 조현진, 윤보람
인쇄 | 영진문원
제본 | 정문바인텍

ISBN 978-89-04-16706-7 (03230)

저작권자의 허락없이 이 책의 일부 또는 전체를
무단 복제, 전재, 발췌하면 저작권법에 의해 처벌을 받습니다.

**불꽃 열정으로
이 땅을 밟은 첫 선교사**

언더우드

Horace Grant Underwood 1859-1916

이희갑 글
강수진 그림
민현식 감수

목차

추천사 _ 이상학, 피터 언더우드, 윤경로, 서정민 • 08
저자 서문 _ 언더우드 생애 속으로 들어가면서 • 18

1부
조선 땅을 처음 밟다

1. 제물포에 부는 바람 • 27
2. 아름다운 신앙 가족 • 35
3. 새로운 세계 미국으로 • 45
4. 내가 간다, 조선으로! • 55

언더우드를 만나 변화된 한국의 인물들 : 김규식 • 66

2부

언더우드의 불타는 조선 사랑

5. 제중원에서 시작한 선교 활동 • 73
6. 고아의 아버지가 되어 • 83
7. 한국에 심은 교육 나무 • 91
8. 이 땅에 새문안교회를 • 99
9. 한국어 속으로 뛰어들다 • 107
10. 한국어 성경 편찬 • 115

언더우드를 만나 변화된 한국의 인물들 : 안창호 • 122

3부

전국 방방곡곡 복음 전도 여행

11. 신혼여행, 그 머나먼 길 • 131
12. 땅 끝까지 복음을 들고 • 145
13. 조선 여인들의 만남의 광장 • 151
14. 찬송을 사랑한 선교사 • 159
15. 시련의 바람 속에서 • 169

언더우드를 만나 변화된 한국의 인물들 : 이승만 • 178

4부

조선의 독립과 복음화를 위해

16. 교회 개척과 YMCA • 187
17. 조선 왕실과 함께한 시간 • 199
18. 기억이 머무는 곳에 • 209
19. 병마와 싸우며 버텨낸 순간들 • 219
20. 한국에 대학을 세우는 꿈 • 229
21. 아, 나의 사랑 한국이여 • 239

언더우드를 만나 변화된 한국의 인물들 : 서경조 • 246

나가면서 _ 언더우드의 별세 이후 • 254
감수자의 글 _ 언더우드의 생애와 선교 정신 • 258
부록 _ 언더우드 연보 • 275

추천사

지금부터 130여 년 전에 언더우드 선교사가 이 땅에 왔습니다. 그는 아무 가진 것도 없이 달랑 가방 하나 들고 생명의 위험을 감수하며 이 땅 한국에 왔습니다.

언더우드는 가난하고 천대받는 한국의 어린이들을 가장 먼저 돌아보고 보육원 '언더우드 학당'부터 세웠습니다. 그는 그들의 고단한 삶에 같이 울고 웃었으며, 한국의 젊은이를 가슴에 보듬고 그들과 함께 생활했습니다. 이런 한국의 아이들과 젊은이 가운데 이 나라의 큰 지도자가 된 사람이 한둘이 아닙니다.

하나님이 명하시는 대로 따르며 한국 선교에 최선을 다한 그가 가장 귀하게 여겼던 일에는 항상 한국 사람이 있었습니다. 그는 한국을 사랑하고 한국 사람을 사랑했습니다.

언더우드 선교사는 한국 선교에 이른바 3대 정신으로 임했습니다.

첫째는 개혁 정신입니다. 이는 한국을 향한 선교의 결단을 말합니다. 그가 한국에서 이룬 일들 가운데 어느 하나 개혁적이지 않은 게 없습니다. 그의 개혁 정신에는 경건 신앙이 늘 기반이 되어 있었습니다.

둘째는 선교 정신입니다. 이는 전도하고 교회를 세우며 교회들이 연합하는 선교 정신을 뜻합니다. 언더우드는 20여 개가 넘는 교회를 새로 세웠고 각지에 퍼진 교회를 중심으로 노회를 구성하고 장로교 총회까지 이루었습니다. 또한, 하나님의 일을 하는 데 타 교단 선교사와 거리를 두지 않고 연합했습니다. 그의 뜨거운 신앙 열정이 기반이 된 것입니다.

셋째는 희생정신입니다. 한국의 근대화, 복음화를 위한 그의 끊임없는 고난의 여정은 평생 이어졌습니다. 자신의 모든 것을 아낌없이 바친 희생 신앙이 기반이 된 것입니다.

언더우드 선교사를 말할 때 한국의 개신교를 말하지 않을 수 없습니다. 그가 한국에서 행했던 모든 일에는 '최초'란 말이 으레 붙습니다. 최초의 조직교회 설립, 최초의 보육원 설립, 최초의 세례, 최초의 성찬식, 최초의 유아세례, 최초의 찬송가, 최초의 총회, 최초의 총회장, 최초의 전문학교 설립 등 이루 다 말하기 어렵습니다.

언더우드 선교사가 한국에 왔을 때만 해도 한국에는 조직교회가 전혀 없었습니다. 그러나 언더우드 선교사가 한국에 온 이후 한국에 수많은 교회가 생겨났습니다. 그리고 해를 거듭할수록 교회 수와 교인 수가 기하급수적으로 늘어났습니다. 이런 놀라운 일은 언더우드 선교사의 헌신적인 전도와 초교파적인 선교 활동과 깊은 관계가 있습니다. 따라서 오늘날 한국의 개신교는 언더우드 선교사와 직간접으로 연관되어 있다고 해도 과언이 아닙니다.

언더우드 선교사는 청년의 젊은 나이에 한국에 왔습니다. 그는 아무도 선뜻 가려고 하지 않던 한국(당시 조선)에 기꺼이 찾아온 것입니다. 언더우드 선교사는 그의 생명이 다하는 날까지 충성한 우리나라 개신교의 위대한 선교사로 기억되고 있습니다.

사실 언더우드는 한국이 아니어도 얼마든지 다른 나라의 선교사로 갈 수 있었습니다. 그의 강직함과 성실함, 그리고 진취적인 모습에 감동했던 신학교 교수님들의 추천을 받아 얼마든지 미국에서 좋은 목회를 할 수 있었습니다. 그뿐 아니라 언더우드의 형 존이 당시 굴지의 타자기 회사를 경영했기에 사업가로서 출세의 길도 보장된 상태였습니다. 그런데도 그는 어둠의 땅 조선에 와서 복음의 능력으로 조선 백성들을 일깨우고 오늘의 대한민국이 세워질 수 있도록 기초를 놓았습니다.

언더우드 선교사가 한국에 들어와 선교를 시작하며 본인의 자택에 첫 번째 새문안교회를 세운 지 130여 년이 지났습니다. 이제 여섯 번째 주님의 새 예배당이 세워졌습니다. 이런 뜻깊은 새 예배당 시대를 맞아 누구나 쉽게 읽을 수 있는 언더우드 전기가 나오게 된 것을 기쁘게 생각합니다.

그동안 우리는 언더우드의 단면만 알고 있는 경우가 많았습니다. 또 언더우드의 이야기는 학자들의 연구 영역과 업적 중심의 기록이 대부분이어서 학문적인 목적 외에는 접하기가 쉽지 않았습니다. 그러나 이번에 나온 언더우드 전기는 이희갑 작가(본 교회 장로)가 구성한 에피소드 중심의 이야기입니다.

이희갑 장로님은 동화와 기독교 관련 칼럼을 많이 쓰신 저명한 한국의 동화작가입니다. 그의 글이 문서선교의 요람인 '생명의말씀사'에서 아름답게 꾸며져 어린이, 청소년, 어른들까지 누구나 쉽게 읽고 감동받을 수 있는 책으로 나오게 되어 기쁩니다. 특히 어린이들과 청소년들이 이 책을 통해 언더우드의 헌신과 사랑, 하나님의 종으로서의 진실한 삶을 만나 남다른 비전을 품게 되면 좋겠습니다. 또한, 한국에 기독교가 뿌리내리던 초대 교회의 모습과, 일제 강점기의 고난 속에서도 부흥하던 한국 기독교의 역사를 알게 되기를 바랍니다.

더불어 언더우드의 한국 기독교 전파 130년이 지난 오늘, 한국 교회가 당면한 많은 문제의 해법을 다시 언더우드의 개혁, 선교, 희생정신에서 찾아야 한다는 역사적 인식이 생겨나기를 원합니다. 한국의 은인, 한국 선교의 아버지라 할 수 있는 언더우드의 정신이 다시금 한국 교회에 불길처럼 일어나 한국 교회와 한국 사회를 새롭게 하리라는 소망을 가져 봅니다.

언더우드 선교사의 한국을 향한 첫걸음은 훗날 자신은 말할 것도 없고 아내와 자식 부부, 손자 손녀 그 후손들까지 대를 이어 한국을 사랑하는 걸음으로 이어지고 있습니다. 이는 한 사람의 결단과 용기, 그리고 끊임없이 자신을 다독이며 주님이 주신 사명을 다하는 삶이 얼마나 아름답고 위대한가를 생각하게 합니다. 이 책을 읽는 우리 한국의 새 세대 주인공들 가운데서도 위대한 꿈과 이상을 가지고 하나님의 뜻에 순종하여 큰일을 이루는 아름다운 믿음의 사람들이 많이 나오기를 기원합니다.

_ 이상학(새문안교회 담임목사)

언더우드 선교사님은 조선 왕조가 저물어 가던 1885년, 한국에 오셨습니다. 당시 조선은 위생과 전염병에 대해 알려진 것이 없었고 신변도 보장되지 않는, 미래를 알 수 없는 나라였습니다. 이렇듯 두려움과 염려의 근원이 무엇인지조차 알 수 없는 상황에서 26세의 청년은 죽음의 공포를 극복했고, 조선을 향한 그의 운명적 미래를 오직 하나님을 향한 믿음에만 의지하며 그분께 맡겼습니다.

당시 조선은 수십 년 동안 천주교를 박해하여 수천 명이 순교를 당한 상황이었습니다. 이런 때에 한국에 선교를 결심하고 들어온 언더우드 선교사님은 예수님이 땅 끝까지 가서 제자 삼으라고 하신 마지막 당부를 몸소 행하신 분입니다.

그분은 미국에서 그의 형님인 존 언더우드의 사업을 돕는다든지, 안전하고 편안한 다른 삶을 선택할 수도 있었습니다. 그러나 어려서부터 인도 선교사를 꿈꾸었던 그분은 조선에 선교사가 필요하다는 소식을 듣고 적합한 선교사를 찾다가, 어느 날 문득 '내가 가지 않는다면 누가 갈까?'라고 생각하게 되었습니다.

결국, 끝까지 굽히지 않고 험지 한국을 찾아와 선교한 언더우드 선교사님의 용기와 개척정신은 참으로 놀라운 것이었습니다. 그렇게 한국 땅을 밟은 그분의 일생은 '오직 주님, 오직 말씀, 오직 선교'였습니다. 그분은 기독교 선교 외에도 한국의 사회 문화에 참으로 많은 영향을 끼치셨습니다.

이번에 이희갑 작가님에 의해 남녀노소 모두 언더우드 선교사님의 일생을 쉽게 접할 수 있는 책이 출간됨을 기쁘게 생각합니다. 많은 이들이 이 책을 읽고 개화기의 한국 땅에 와서 복음을 전하며 평생 한국을 사랑했던 언더우드 선교사님과 다른 많은 선교사님의 삶을 가슴속에 담을 수 있기를 바랍니다. 더불어 더욱 많은 한국의 젊은이들이 그분들처럼 전 세계로 나가 복음을 전할 수 있기를 기대합니다.

_ 피터 언더우드(Peter A. Underwood, 원한석)

■ 피터 언더우드는 언더우드 선교사의 증손자(언더우드 4세)로 고 원일한 장로의 3남이다. 샌프란시스코 대학 MBA를 졸업했으며, 한국에서 컨설팅 비지니스로 한국인들과 함께 일하고 있다. 국가 브랜드위원회 위원을 역임했으며 현재 컨설팅 회사 IRC의 대표이사이자 연세대 이사로도 섬기고 있다.

어린 시절부터 선교사의 꿈을 키우며 인도 선교사를 준비하던 언더우드는 어느 날 '너는 왜 한국에 가려고 하지 않느냐?'는 음성을 듣고 한국의 선교사가 되었습니다.

언더우드 선교사는 1885년 4월 부활절에 인천 제물포항을 통해 내한한 후 1916년 하늘의 부름을 받기까지, 30여 년간 척박한 한국 땅에서 기독교 복음 전도자로서 헌신한 대표적인 미국인 선교사입니다. 그는 예수님의 말씀에 순종하며, 가난하고 낮은 자세로 복음을 전했습니다. 특히 부모를 잃고 버려진 어린아이들을 위해 한국 최초의 보육원을 개설하여 운영하고, 이 보육원을 키워 오늘의 경신학교로 발전시키는 등 교육사업과 선교 활동을 했습니다. 이외에도 한글 성경과 찬양집을 만들어 보급하는 일에 선도적인 역할을 했습니다. 그런 가운데 그는 장차 한국의 지도자가 될 많은 인재를 키워냈습니다. 이를 위해 전국, 특히 서북지방 여러 곳(황해도, 평안도, 함경도 지방)을 8차례나 돌며 순회전도 여행을 펼치기도 했습니다.

언더우드 선교사가 한국 사회와 기독교 전파에 이바지한 업적은 이루 말할 수 없을 만큼 많고 다양합니다. 그러나 이러한 그의 헌신과 활동이 일반인이나 특히 앞날의 꿈을 키워나갈 어린이들에게는 많이 알려지지 않았습니다. 이런 때에 마침 언더우드 선교사의 선교 활동과 그의 인간적인 면을 다룬 책이 출간된다고 하니 얼마나 기쁘고 감사한지 모르겠습니다. 한국 개신교 전파 130여 년이 되는 이때에 출간된 이 한 권의 책이, 언더우드를 통해 하나님의 뜻이 이 땅에 어떻게 이루어졌는지를 잘 알리는 역할을 하리라고 기대합니다.

_ 윤경로(새문안교회 공로 장로, (사)한국기독교역사연구소 이사장)

언더우드 선교사는 일찍부터 선교에 일생을 바치기로 다짐한 분입니다. 당시 은둔의 나라, 미지의 나라로 인식되어 온 조선에 그가 선교를 결심한 것은 하나님의 뜻이 아니면 설명할 길이 없습니다. 당시 조선은 갑신정변이 실패하여 개화파가 위축된 때였습니다. 조선 정부는 개화파 뒤에 일본이 있다고 판단하고 일본을 거쳐 조선으로 들어오는 미국 선교사들까지 입국을 막았습니다. 언더우드 선교사는 동행한 감리교 아펜젤러 선교사 부부가 다시 일본으로 돌아가는 우여곡절 속에서도 가까스로 한국 선교의 첫 발걸음을 내디뎠습니다.

어린 시절 아버지로부터 독실한 신앙교육을 받고 외조부 와우 목사의 기독교 연합정신의 영향을 받은 언더우드는 철저한 선교 사명으로 한국에 왔습니다. 언더우드 선교사는 미국의 네덜란드 개혁교회 출신으로 미국 북장로회에서 파송한 선교사였지만, 한국 선교에서는 교파 연합적 선교를 위해 애쓰신 분입니다.

한국 교회가 초기부터 널리 확장되고 놀랍게 성장한 역사에는, 개척자이자 하나의 밀알이 된 언더우드 선교사가 있었다고 해도 과언이 아닙니다. 언더우드 선교사의 이러한 선교 정신은 오늘의 한국 교회에 더욱 요구

된다고 생각합니다. 이런 때에 누구나 재미있고 쉽게 읽을 수 있는 언더우드 선교사의 전기가 나온 것을 크게 기쁘게 생각합니다. 널리 읽히는 책이 되기를 바랍니다.

_ 서정민(일본 명치학원대학 교수, 동 대학 그리스도교연구소장)

저자 서문

언더우드 생애 속으로 들어가면서

　언더우드 선교사 서거 100주년을 맞아 기획한 그의 전기 집필을 위해 많은 자료를 만났습니다. 새삼 놀라운 것은 그의 일생이 너무나 역동적이었고, 짧은 생애 동안 선교라는 목적 외에 허투루 쓴 시간이 없다는 점이었습니다.

　그의 생애 한 걸음 한 걸음을 만나면서 감탄과 탄복이 거듭 터졌습니다. 그가 이루었던 많은 일에 경의를 표하며 또 한편으로는 그의 헌신적인 모습에 눈시울이 뜨거워지는 것을 억누를 수가 없었습니다. 특히 굶주림과 병마로 생명이 꺼져 가는 어린 김규식에게 한걸음에 달려가 그를 품에 안고 눈물로 밤을 지새운 언더우드의 모습은 오랫동안 제 마음을 찡하게 만들었습니다. '우리나라는 정말 하나님이 선택하신 나라구나. 무슨 복이 있어 이런 선교사를 만나게 되었을까?' 하는 생각을 그의 전기를 쓰는 내내 떨쳐 버릴 수 없었습니다.

인도 선교만을 바라보고 준비한 언더우드가 어느 날 극적으로 한국 선교사로 방향을 틀었던 그 날 그 시간은 우리나라에 하나님의 크신 축복이 내려진 순간이었다고 해도 지나친 말이 아닐 것입니다. 만약 언더우드 선교사가 우리나라에 오지 않았다면 어떻게 되었을까 하는 생각을 하면 온몸이 오싹해지는 느낌이 듭니다.

언더우드 선교사가 우리나라에 와서 이룬 일은 너무나 많습니다. 제한된 지면으로는 다 말할 수 없을 만큼 말입니다. 그는 '미지의 나라', '은둔의 나라', 심지어 '미개한 나라'라는 말까지 듣던 우리나라(당시 조선)에 와서 생명이 허락되는 한 자신이 할 수 있는 모든 분야의 일에서 최선을 다했습니다. 그는 오직 주님이 가라는 대로 가고, 한국 사람을 주님의 제자로 만드는 일에 일생을 걸었습니다. 전파한 복음이 한국 땅에 뿌리내리도록 보육원, 학교, 병원을 설립하고, YMCA를 통해 인재를 양성했으며, 한국 문화와 한글을 연구하여 한영사전과 영한사전을 출판했습니다. 또한, 찬송가 편찬으로 비로소 한국 사람들 입에서 찬송가가 흘러나오게 했습니다.

그는 한국의 정치, 외교, 문화 등 선교 외적인 일에도 큰 업적을 이루었습니다. 그와 함께한 한국 사람 중에는 역사상 기억될 인물들이 많습니다. 언더우드 선교사는 그 당시 세계 열방보다 약소국이었던 조선 땅에 새로운 문명과 가치를 심어 주고 비전을 준 위대한 주님의 사람이었습니다.

그는 굳건한 믿음 위에서 어떤 험한 길도 마다하지 않고 힘차게 걸어갔고, 사랑과 희생을 실천했습니다. 때론 그와 견해를 달리하던 사람들의 격렬한 반대에도 부딪히고, 자신을 괴롭히는 병마와 싸우며 모든 일에 인내하고 극복한 의지의 선교사였습니다. 또한, 그는 그리 길지 않은 생애 동안 주님이 맡긴 사명을 더 많이 이루기 위해 몸부림치며 뜨거운 눈물을 쏟아 기도했던 선교사였습니다. 이런 언더우드 선교사의 삶은 오늘을 사는 우리에게 주님의 일을 맡아 실천하는 그리스도인의 참모습을 일깨워 준다고 생각합니다.

대개 한 인물의 전기라면 어느 특정 전문 분야의 업적을 중심으로 전개되는데, 언더우드의 업적은 그런 차원이 아닙니다. 그가 기독교 전반과 사회에 영향을 끼친 모든 일이 우리나라와 한국 기독교와 연관되어 있기 때문입니다. 그러다 보니 자칫 업적만 나열한 백서와 같은 전기가 될까 봐 글을 쓰는 내내 많이 고민했음을 고백하지 않을 수가 없습니다. 그런 면에서 이 책은 누구에게나 다정하게 느껴지는 인간 언더우드를 어떻게 엿보며 공감을 끌어낼 수 있을지 수없이 생각하며 쓰인 전기라고 할 수 있습니다.

언더우드 선교사의 전기를 쓰면서 새문안교회 사료관 자료를 훑어보는 데 많은 시간을 보냈습니다. 또한, 연세대학교 이광린 교수님의 저서 『초대 언더우드 선교사의 생애』(연세대학교출판부)를 참고하기도 했습니다. 그 밖에 언더우드 관련 연구 논문, 각종 기사, 관련 교회 게시물들을 꼼꼼히 살펴보며 객관성을 유지하고자 애썼습니다.

이 책을 통해 많은 이들이, 주님이 명하신 대로 가서 제자 삼은 하나님의 충실한 종 언더우드 선교사를 새롭게 만나게 되기를 바랍니다. 그리고 각자의 신앙생활에서 순종과 충성, 진리와 책임, 사랑과 화평의 척도가 되기를 바라는 마음입니다.

이 전기가 세상에 나오기까지 기획하고 추진한 새문안교회 전 역사관장이신 민현식 장로님(서울대 교수)과 역사관부 식구들, 그림을 그려 주신 강수진 화가에게 감사를 드립니다. 또한, 이 책을 출판해 주신 생명의말씀사와 편집부 직원들에게도 고마운 마음을 전합니다.

이 책을 읽는 모든 분에게 주님의 은총이 함께하기를 기도합니다.

2020년 4월
새문안교회 역사관에서
이희갑

_ 제물포항으로 들어가는 거룻배

Horace Grant Underwood 1859 -1916

1부

조선 땅을 처음 밟다

1.

제물포에 부는 바람

거룻배에 오른 신사

멀리 항구가 보이기 시작했다. 작은 어촌 같은 항구였다. 바닷바람이 잔물결을 몰고 왔다. 아직 봄철의 바닷바람은 차가웠다. 기선의 뱃전에 서 있던 사람들은 몸을 오들오들 떨며 옷깃을 여몄다.

"음….." 한 젊은 신사의 굳게 다문 입에서 들릴까 말까 한 소리가 새어 나왔다.

"선교사님, 이제 다 왔나 봅니다."

신사의 뒤편에서 한 젊은 부부가 다가오며 말했다. 신사는 얼굴을 돌려 그들을 바라보며 잔잔한 미소를 머금은 채 고개를 가볍게 끄덕였다.

"저기가 제물포항인가 봅니다."

신사는 젊은 부부에게 말했다. 세 사람은 물끄러미 제물포(인천항의 옛 이름) 항구를 바라보았다. 그들의 얼굴엔 오래 기다리던 사람을 만나기라도 한 것처럼 반가움이 넘쳤다. 하지만 신사의 얼굴 한구석에는 어두운 그림자가 살짝 스쳐 지나갔다. 그러나 곧 감격의 표정이 되살아났다.

"음, 여기가 조선이구나!"

신사의 탄식과 같은 이 말은 그동안의 마음을 한마디로 나타내 주고 있었다.

"자, 조심하십시오. 배가 흔들립니다."

배에서 내리는 승객들을 안내하는 기선의 승무원들 소리가 여기저기서 들려왔다.

"선교사님, 이제 배를 갈아타야지요?"

"네, 그래야지요."

아펜젤러 선교사

신사는 부부와 함께 거룻배에 옮겨 타려고 걸어갔다. 일본에서 여기까지 타고 온 기선으로는 수심이 낮아 더 이상 들어갈 수 없었기에 항구까지는 거룻배로 가야 했다.

신사는 부부와 함께 거룻배에 옮겨 탄 채 점점 다가오는 항구의 모습을 바라보며 큰 숨을 들이마셨다.

'이곳이 내가 살아야 할 땅이다.'

신사는 목둘레로 파고드는 바닷바람을 잠시 옷깃으로 막으며 입술을 지그시 물었다. 이 신사가 바로 우리나라에 파송된 최초의 개신교 선교사 언더우드였다. 그리고 그 옆의 젊은 부부는 *아펜젤러 선교사 부부였다.

거룻배의 흔들림에도 아랑곳없이 언더우드 선교사는 앞만 똑바로 바라봤다. 그의 머릿속에는 바다의 잔물결보다 더 많은 생각들이 찰랑대고 있었다. 미지의 나라 조선! 아무도 선교지로 추천하지 않은 나라, 그 누구도 선교하러 가겠다고 선뜻 나서지 않았던 나라. 그 조선 땅을 잠시 후에 밟게 된다는 사실에 언더우드 선교사의 마음속은 크게 요동쳤다.

'내가 선교사로서의 꿈을 이루려는 나라가 바로 눈앞에 있다.'

언더우드는 입을 굳게 닫고 지난날을 회상했다.

1884년 12월 16일 미국의 서쪽 끝 샌프란시스코에서 일본행 기선을 타고 한 달 넘게 태평양을 건너왔다. 세상에 태어나서 그렇게 큰 바다와 오랜 항해는 처음이었다. 기선은 언더우드가 26세 되던 해인 1885년 1월 25일 일본 도쿄 옆의 요코하마 항구에 도착했다.

언더우드는 일본에 먼저 와 있던 선교사의 집에 잠시 머물렀다. 당시 조선은 *갑신정변이라는 사건이 일어나 매우 불안한 상황이었다. 그래서 외국인은 쉽게 조선으로 들어갈 수 없었다. 언더우드는 일본에서 조선으로 들어갈 날을 기다리는 동안 선교 사업에 필요한 훈련을 받으며,

일본에 와 있던 미국 선원들을 위한 전도 집회를 여는 등 선교 활동을 꾸준히 했다. 그럴 때 미국 감리교에서 조선으로 파송한 아펜젤러 선교사를 만났다. 그도 조선으로 들어갈 준비를 하고 있던 중이었다.

언더우드 선교사는 한글을 익히던 중에 이수정이라는 조선인 관리를 만났다. 이수정은 조선에서 온 유학생이었다. 그는 마가복음을 한국어로 번역했다. 당시만 해도 한국어로 된 성경이 없었던 때라 이수정의 한글 마가복음은 조선 선교를 준비하는 외국 선교사들에게는 귀중한 자료가 되었다. 언더우드는 이수정에게 3개월 정도 한글을 배우다가 때가 되어 그의 한글판 마가복음을 들고 고대하던 조선행 기선을 탔다. 그리고 이제 제물포에 도착하여 조선 땅에 발을 내디딜 순간이 온 것이다. 1885년 4월 5일, 이날은 마침 부활주일이었다.

알렌 선교사와의 첫 만남

제물포항에는 많은 사람들이 나와 있었다. 그중에는 언더우드를 마중 나온 한 사람, *알렌 선교사가 있었다. 알렌 선교사는 미국 장로교에서 조선에 먼저 파송한 의사 선교사였다. 한편 미국 관리들이 온다고 미국 공사 일행도 나와 있었다.

"오, 내가 이 땅을 밟게 되다니!"

언더우드와 아펜젤러 부부는 거룻배에서 내려 조선 땅을 밟으며 탄성을 지르며 먼저 무릎을 꿇고 감사의 기도를 간절히 드렸다. 그 기도는 아펜젤러의 보고서에 전해져 오는데 그 내용은 다음과 같다. "주님, 우리는 부활절에 여기에 당도하였습니다. 오늘 사망의 권세를 산산이 깨트리시고 부활하신 주님께서 이 나라 이 백성이 얽매어 있는 굴레를 끊으시어 그들에게 하나님의 자녀가 누리는 빛과 자유를 주옵소서."

그런데 난데없이 험악한 상황이 벌어졌다. 미국 공사 푸트가 언더우드와 아펜젤러 부부를 보고 버럭 언성을 높였다.

"당장 돌아가시오. 이 나라는 아직 선교의 문이 열리지 않았소. 더군다나 여자는 절대 안 됩니다. 다른 사람들이 보기 전에 당장 돌아가시오."

푸트 공사는 특히 아펜젤러 선교사의 부인을 보고 머리를 절레절레 흔들었다. 선교하기 위해 들어가는 조선의 입국이 어려울 것이라고 예상은 했지만 막상 이렇게 난처한 일을 당하게 되니 언더우드와 아펜젤러 부부는 어찌할 바를 몰랐다.

알렌 선교사가 나서서 공사를 설득했지만 공사는 더욱 강경하게 입국할 수 없다고 맞섰다. 알렌은 당시 조선의 국립병원이라고 할 수 있는 광혜원(이후 제중원)을 맡고 있었다. 알렌은 조선 정부의 깊은 신임을 받고 있던 선교사였다. 그런 알렌의 설득도 통하지 않았다. 그만큼 당시 조선은 기독교가 들어오는 것에 대해 강한 거부감이 있었다. 그리하여 조선과 외교 관계를 잘 해보려고 했던 미국은 선교사들로 인해 조선 조정의 미움을 받을까 봐 염려한 것이다. 조선 사람보다 미국 공사가 한 발 더 나서서 선교사들의 입국을 막은 것은 어찌 보면 당연한 일이었다.

"언더우드는 결혼한 사람이 아니니 이 사람만이라도 병원에서 일할 수 있게 허락해 주십시오."

알렌 선교사는 미국 공사에게 간청했다.

"아니, 대체 병원에서 목사를 어디에 쓰려고 하십니까?"

"어디 할 일이 없겠습니까? 정 할 일이 없으면 약봉지라도 싸고, 환자들도 나르고 하면 되지요. 제발 병원에서 일할 수 있게 해주십시오."

이때 언더우드가 나서며 말했다.

"공사님, 저는 뉴욕 주립대학교에서 과학과 의학을 공부해서 병원 일을 도울 수 있습니다. 제가 힘껏 알렌 선교사님을 도우며 행동을 조심하겠습니다."

"아, 그래요? 그럼 너무나 잘된 일이네요."

알렌 선교사가 기뻐하며 언더우드와 악수를 나누었다.

알렌 박사의 간청과 언더우드의 자신감 넘치는 모습에 미국 공사도 더는 막을 수가 없었다. 결국 언더우드에게 절대 선교 활동을 하지 않겠다는 다짐을 받으며 입국을 허락했다.

"오, 하나님 감사합니다."

언더우드는 생전 처음 밟는 조선 땅에서 하늘을 향해 얼굴을 들고 감사의 기도를 올렸다.

'내가 드디어 조선 선교의 문을 열게 되었구나. 이제 나 언더우드는 조선 사람들을 섬기는 사명을 충실히 감당할 것이다.'

언더우드는 감격에 목이 메었다. 이렇듯 선교의 사명을 가슴에 품고 남다른 각오로 조선에 온 언더우드는 어렵게 첫발을 떼었다. 한편 아펜젤러 선교사 부부는 끝내 입국을 거절당해 일본으로 되돌아갔다가 6개월 뒤에야 다시 조선에 입국할 수 있었다.

- **아펜젤러** 1884년 미국 감리회 해외선교부에서 파송한 선교사로 조선선교회 및 배재학당을 설립했다. 조선선교부 감리사로 학교와 병원 등에 복음전도의 여러 사업을 맡았고, 지금의 정동제일교회를 설립했다. 언더우드 등의 선교사와 함께 지방을 순회하면서 전도 활동을 벌였다. 조선성교서회(朝鮮聖敎書會)를 창설, 회장직을 맡는 등 성경 번역 사업에 큰 기여를 했다.
- **갑신정변** 조선 고종 21년(1884) 갑신년에 김옥균, 박영효 등의 개화파 사람들이 민씨 일파를 몰아내고 국정을 쇄신하기 위하여 일으킨 정변을 말한다.
- **알렌** 조선에 온 최초의 미국 선교사로 중국에서 선교 활동을 하다가 미국 공사관 의사 자격으로 한국에 와서 의료를 통한 선교사업을 했다. 우리나라 최초의 서양식 국립병원인 광혜원(이후 제중원)을 설립했다.

2.

아름다운 신앙 가족

신실한 믿음을 지켜 나가다

언더우드 선교사는 1859년 7월 19일 영국 런던에서 태어났다.

"우리 셋째 아들 참 잘생겼네. 네 이름은 이제 호러스 그랜트 언더우드란다."

아버지 존 언더우드는 호러스의 탄생을 무척 기뻐했다.

"여보, 수고 많았어요."

아직 산후의 고통이 가시지 않은 아내를 보며 아버지는 다정하게 말을 건넸다. 어머니는 조용히 미소를 머금으며 갓 태어난 호러스를 바라보았다. 호러스는 포근한 엄마 품에서 새근새근 고운 잠을 자고 있었다.

언더우드 가족은 아버지 존 언더우드, 어머니 엘리자베스 마리, 그리고 누나 한나, 큰형 존 토마스, 작은형 프레드릭 윌스로 이루어져 있었다. 언더우드는 아들로는 셋째지만, 전체로는 네 번째로 태어난 아이였다. 그 후에 여동생 두 명이 더 태어났다.

아버지는 다양한 재주를 가진 사람이었다. 제조 화학자로서 인쇄용 잉크를 발명하고, 타자기 묵지를 발명했다. 또 직접 공장도 운영하고 문구 사업도 하는 잘나가는 사업가였다. 아버지의 훌륭한 능력은 영국 왕실에도 알려져 예술원으로부터 표창 메달까지 받을 정도였다. 능력 좋은 아버지의 사업이 잘되어 언더우드 가족은 제법 여유 있는 생활을 누렸다.

언더우드 선교사의 아버지 존 언더우드

언더우드 삼형제는 늘 친구처럼 다정하게 지냈다. 하지만 남자아이들이라 가끔씩은 말썽을 피우기도 했다. 그때마다 어머니는 야단 대신 늘 조용하고 자상한 목소리로 아이들에게 말했다.

"저런, 옷이 엉망이구나. 빨리 벗으렴. 엄마가 깨끗하게 빨아 줄게."

"너는 왜 남의 흉을 보니? 부드럽게 말하고 서로 사이좋게 지내야 한단다."

언더우드 선교사의 어머니 엘리자베스 그랜트 마리 언더우드

어머니의 목소리는 언제나 다정하고 부

드러웠다. 언더우드 남매들은 어머니의 모습을 통해 사랑하고 이해하는 법을 배우며 자랐다.

호러스가 여섯 살 되던 해, 언더우드 가족에게 아주 슬픈 일이 생겼다. 어머니가 막내 동생을 낳은 뒤 후유증으로 숨을 거두고 만 것이다. 온유하고 자애로운 어머니의 죽음은 언더우드 가정의 커다란 충격이었다.

"엄마! 엄마!"

어린 아이들은 엄마를 부르며 엉엉 울었고, 아버지는 너무도 갑작스러운 아내의 죽음에 슬픔을 이기지 못한 채 한동안 정신을 차리지 못했다. 주위의 많은 사람들은 안타까워하며 언더우드 가족을 위로했고, 신실하고 신앙심이 두터운 아버지는 기도로 슬픔을 이겨 내며 마음을 추슬렀다.

그러나 가혹한 시련은 여기서 끝나지 않았다. 동업자가 배신을 하고 도망치는 바람에 그동안 일구었던 공장과 사업체가 불시에 무너지게 된 것이다. 또다시 매서운 시련이 언더우드 가족을 절망의 구렁텅이로 몰아넣었다. 하지만 아버지는 이번에도 좌절하지 않고 굳건한 신앙심으로 고난을 극복해 갔다.

그러던 어느 날, 여러 명의 자식을 혼자 양육하는 것이 힘겨웠던 아버지는 재혼을 결심하고 새부인을 맞이하게 되었다. 언더우드 남매들은 아버지의 뜻에 순종하며 새어머니와 잘 지냈고, 신실한 아버지의 신앙을 배워 나갔다.

아버지가 아이들을 세워 놓고 말했다.

"자, 오늘은 주일이다. 모두 어딜 가야 되지?"

"주일학교요."

아이들은 서로 질세라 큰 목소리로 대답했다.

"그럼, 그럼."

아버지는 흐뭇한 표정을 지으며 아이들과 손잡고 교회 주일학교에 가곤 했다. 주일학교 시간에 언더우드 남매들은 선생님의 말씀 하나라도 놓치지 않으려고 바른 자세로 예배를 드렸다. 아버지는 주일학교에서 언더우드 남매들을 키에 맞는 의자에 앉히고 바른 예배를 드리게 했다. 큰 아들 존 토마스에게는 그날 들은 설교와 성경 본문을 되묻기도 했다.

"넌 우리 집의 맏이니까 동생들에게 신앙의 모범이 되어 주어야 한다."

아버지는 존 토마스의 손을 굳게 잡았다. 언더우드 남매들은 연년생으로 태어나 정이 대단히 두터웠다. 또한 아버지의 신앙 지도 아래 일찍부터 성경 구절을 외웠다. 때론 히브리어로 된 구절을 아버지 앞에서 외우기도 했다.

아버지의 신앙심은 가문 대대로 이어져 온 것이었다. 언더우드의 외증조부인 알렉산더 와우 박사는 영국 런던의 유명한 목사님이었다. 그는 뿔뿔이 흩어진 교회들을 모으고 연합하는 운동에 참여했으며, 유명한 런던 선교회 창설자 중의 한 사람이기도 했다. 알렉산더 와우 박사

는 또한 영국성서공회의 해외선교에도 깊
은 관심을 갖고 교파에 관계없이 선교 활
동을 했다. 이런 외증조부의 신앙적 영향
은 바로 언더우드의 아버지와 언더우드
선교사에게까지 이어졌다.

언더우드의 외증조부
알렉산더 와우 박사

호러스는 어릴 때부터 남다른 집중력이
있었다. 또한 자신에게 느낌을 주는 것에
대해서는 대단한 집착을 보이기도 했다.

"인도는 매우 크고 인구가 대단히 많은 나라로서, 신비롭게 다가오지요. 하지만 그 많은 사람들이 주님을 모르고 산답니다. 그래서 인도에는 많은 선교사가 필요해요. 우리가 그들을 찾아가 주님의 품으로 인도해야 합니다."

호러스가 네 살 되던 해, 그는 우연히 인도 선교사의 말을 듣게 되었다. 그때 어린 그의 마음에 강한 느낌이 들어왔다. 호러스는 마음속으로 굳게 결심했다.

"이다음에 난 꼭 인도 선교사가 될 거야."

어린 마음에 새겨진 호러스의 결심은 자라면서도 절대 사라지지 않았다. 호러스가 신학교를 다니고 선교사의 꿈을 이루어 가는 동안에도 이 결심은 사그라지기는커녕 가슴 한구석에서 늘 불꽃으로 타올랐다.

2. 아름다운 신앙 가족

기도의 습관으로 바뀐 기숙사 아이들

"호러스, 심부름 좀 갔다 올래?"

"네, 아버지."

아버지의 사업 실패로 집안이 몹시 가난할 때였다. 호러스는 제법 액수가 큰 5달러짜리 지폐를 가지고 식료품 상점으로 향했다. 상점에 다다랐을 때였다.

"어? 내 돈! 돈이 어디 갔지?"

호러스는 손에 쥔 돈이 없어진 것을 보고 깜짝 놀랐다. 5달러 지폐는 온데간데없고 손가락 끝에 지폐 조각만 보였기 때문이다. 호러스는 심부름을 가면서 다른 생각에 푹 빠져서 손에 쥔 지폐를 입으로 잘강잘강 씹고 있었던 걸 기억하지 못했다. 호러스의 이런 행동은 한두 번이 아니었다. 이처럼 호러스는 어릴 때부터 한번 깊은 생각에 빠지면 딴 일은 몽땅 잊어버리는 버릇이 있었다.

아버지는 가정 형편이 어려운 상황에 있었으면서도 열 살이 된 호러스를 프랑스로 유학 보냈다.

"호러스, 너도 이젠 어엿한 소년이니 좀 더 넓고 깊은 학문을 배우는 게 좋겠다. 신앙도 더욱 성장해서 돌아와야 한다."

그리하여 호러스는 한 살 위인 형 프레드릭과 함께 프랑스의 어느 한적한 지방에 있는 가톨릭 기숙학교에 들어갔다. 새로운 환경에서도 호러스 형제는 평소 아버지의 가르침을 떠올리며 경건한 생활을 위해 노력했다.

"하나님, 오늘도 저희들을 잘 보살펴 주시고 지켜 주셔서 감사드립니다. 이 밤에도 하나님의 사랑으로 편안히 잠들도록 해주세요."

매일 잠자기 전에 호러스와 프레드릭은 무릎을 꿇고 기도했다.

기숙사 아이들은 언더우드 형제가 기도하는 모습을 보고 비웃었다.

"아니, 쟤네들은 대체 뭐야?"

"하나님은 저희들만 믿나? 잘난 체하긴."

아이들은 언더우드 형제의 신앙생활에 대해 수근거렸지만 언더우드 형제는 요동하지 않고 잠자기 전 기도 시간을 계속 지켜 나갔다. 아이들의 괴롭힘은 날로 더해 갔다. 급기야 언더우드 형제에게 머리빗, 베개, 심지어 신발까지 던지며 못살게 굴었다.

신발들이 여기저기서 날아와 호러스와 프레드릭의 어깨와 머리 위에 떨어졌다. 그래도 언더우드 형제는 눈을 감고 두 손을 모은 채 기도에 집중했다. 매일 당하는 괴롭힘에도 언더우드 형제의 잠자리 기도는 멈추지 않았다. 그런데 어느 날 예상치 못한 일이 생겼다.

"저 아이들 호러스와 프레드릭에게 너무한 거 아냐?"

기숙사 학생들 중에는 프랑스 아이들과 영국에서 온 아이들이 섞여 있었는데, 유난히 프랑스 아이들이 언더우드 형제를 못살게 굴었다. 처음에는 같이 놀리던 영국 아이들은 언더우드 형제가 계속 괴롭힘을 당하자 생각이 달라지기 시작했다.

"우리도 호러스와 프레드릭처럼 자기 전에 기도하자."

영국 아이들은 언더우드 형제와 함께 무릎을 꿇고 기도하기 시작했다. 처음엔 프랑스 아이들에게 당하던 언더우드 형제의 편을 들며 시작한 기도였지만, 점점 스스로 하는 기도가 되었다. 프랑스 아이들은 단체로 기도하는 언더우드 형제와 영국 아이들을 더 이상 어쩌지 못했다. 결국 프랑스 아이들도 자기 전 기도를 드리기 시작했다. 이로 인해 기숙사가 두 갈래로 갈라져 갈등하고 싸우게 될 위기가 한순간에 해결되고, 모두 경건하게 기도하는 학생들로 바뀌게 되었다. 이 일은 끝까지 참고 견디며 기도를 놓지 않았던 언더우드 형제의 신앙심이 학생들을 변화시킨 결과였다.

Horace Grant Underwood

3.

새로운 세계 미국으로

뉴욕대학교 입학생이 되다

언더우드가 열세 살 되던 해, 언더우드 가족은 미국 뉴저지 뉴더햄으로 이주했다. 아버지는 아내와 막내 딸(언더우드의 막내 여동생, 생후 2개월 만에 숨짐)을 잃고, 모친(언더우드의 할머니)까지 세상을 뜨자 망연자실했는데, 사업마저 파산하게 되자 절망적인 상태에서 새로운 땅 미국으로 건너갔다.

아버지는 영국에 남아 있던 가족과 프랑스에 있는 호러스와 프레드릭을 미국으로 불러들였다. 이제 새로운 삶의 터전인 미국에서 보금자리를 꾸리게 된 것이다. 아버지는 가족들을 데리고 먼저 교회에 등록했다. 뉴더햄에 있는 네덜란드 개혁교회였다. 개혁교회는 개신교의 한 교파로서 네덜란드 출신 사람들이 미국으로 이민을 오면서 세운 교회였다.

미국으로 온 언더우드는 해스브루크 소년학교에 입학해 대단한 열의로 공부했다. 이때 개혁교회 목사이면서 교수이기도 한 메이번 목사를 만나게 되는데, 메이번 목사는 언더우드가 학창 시절 '사랑했던 목사님'으로서 언더우드의 멘토 역할을 했던 인물이다. 언더우드는 메이번 목사로부터 서양 고전과 희랍어 등 여러 과목을 개인 지도 받았다.

"호러스! 정말 대단하구나. 다섯 달 만에 대학에 들어갈 수준의 희랍어를 완전히 마쳤어."

언더우드는 메이번 교수의 가르침을 받으며 열심히 공부한 결과, 고등학교에 정식으로 다니지 않고도 대학에 갈 수 있었다.

아버지는 다시 잉크 사업을 시작했다. 호러스와 형제들은 잉크 공장에서 아버지 일을 도왔고, 사업은 차차 일어나기 시작했다. 아버지는 자식들에게 일을 강요하지는 않았다. 특히 남다르게 의지가 강한 호러스에게는 공부에만 매진할 것을 권했다.

18세에 뉴욕대학교에 입학한 언더우드는 집에서 학교까지 10km 남짓 되는 먼 거리를 매일 도시락을 싸가지고 걸어서 통학했다. 그 길은 때론 점심을 굶어 허기진 배를 안고 다닌 길이기도 했다. 언더우드는 집에 돌아오면 거의 자정까지 공부

언더우드의 15세 시절 모습

하고 새벽 5시에 일어나 다시 공부하는 성실한 학생이었다.

"호러스, 그러다가 몸 상하겠다."

아버지와 가족들이 걱정했지만 언더우드는 씩 웃으며 대답했다.

"전 괜찮아요. 이렇게 튼튼한 걸요."

대학생 언더우드는 당당한 모습으로 성장해 갔다. 173cm의 키에 어깨가 떡 벌어져서 탄탄해 보였다. 유난히 짙은 밤색 곱슬머리에 매부리코, 잘 다듬어진 얼굴은 강인한 인상을 풍겼고, 그 강한 표정 뒤에는 성실함과 열성, 친절함이 묻어났다.

언더우드는 대학에서 자치활동을 열심히 했다. 그런데 그 자치회는 힘이 약했다. 언더우드는 유능한 친구들을 자치회에 가입시켜 힘을 늘려 갔다. 그러던 어느 날 저녁, 언더우드가 자치회 친구들과 브로드웨이 거리를 걷고 있었다. 그때 한 무리의 대학생들이 떼를 지어 언더우드 자치회 친구들을 에워쌌다. 분위기가 심상치 않음을 느낀 언더우드는 눈빛을 반짝이더니 큰 소리로 자치회 구호를 외치기 시작했다. 그러자 함께 있던 친구들도 구호를 따라 외쳤다.

그들의 우렁찬 목소리에 상대편은 멈칫하며 어리둥절해했다. 그 틈에 언더우드는 "뛰어!" 하고 소리치며 친구들과 함께 서로 팔을 꽉 끼고 줄지어 서 있는 상대편 대학생들의 스크럼을 뚫고 도망쳤다. 위기의 순간마다 나타나는 번뜩이는 대처 능력은 언더우드의 특별한 기질이었다. 그러한 기질은 그의 선교 일생에서 수없이 맞닥뜨리는 어려움을 극복하는 데 크게 사용되었다.

또다시 닥친 슬픔

언더우드가 대학 2학년이 되던 때 아버지가 과로로 몸져눕고 말았다. 고향을 떠나 멀리 미국에서 다시 가정을 안정시키고 사업을 일구느라 무리를 했던 것이다. 그동안 아버지는 새로 시작한 사업에 집중하고, 좋아하는 발명도 끊임없이 하느라 쉴 틈이 없었다. 언더우드 형제들은 아버지의 사업이 무너지지 않게 적극적으로 나섰다. 특히 언더우드의 형인 존은 완전히 팔을 걷어 부치고 아버지 사업에 뛰어들었다.

아버지는 목이 몹시 붓고 진통이 심해졌다. 하지만 그런 가운데서도 찬송을 부르며 꿋꿋이 견뎌 냈다.

어느 날 아버지가 가쁜 숨을 내쉬며 말했다.

"얘들아, 찬송을 들려다오, 찬송을."

아버지의 상태는 위독했다. 가족들이 달려와 아버지를 진정시키며 찬송을 불렀다.

내 주를 가까이하게 함은
십자가 짐 같은 고생이나
내 일생 소원은 늘 찬송하면서
주께 더 나가기 원합니다.

찬송가가 은은히 울려 퍼지자 목숨이 경각에 달려 숨을 제대로 쉬지 못하던 아버지의 입에서 찬송소리가 새어나왔다. 가족들은 둘러서서 아버지가 하늘나라를 바라보며 부르는 찬송을 묵묵히 들었다. 찬송을 부르시던 아버지는 조용히 숨을 거두었다.

아버지의 참 신앙인의 모습은 언더우드와 가족들에게 깊은 인상을 남겼다. 그는 독실한 그리스도인이었다. 언더우드의 아버지는 당대의 가장 위대한 그리스도인들과 친구로 지내기도 했다. 고아의 아버지이자 세계선교 후원자로 유명한 기도의 용사 조지 뮬러와 노예해방을 가져온 윌버포스 등이 그들이다. 아버지를 하늘나라에 보낸 언더우드 가족은 아버지의 뜻을 받들어 더욱 열심히 주님을 바라보며 공부와 사업에 최선을 다했다.

언더우드는 아버지를 잃은 슬픔을 딛고 더욱 열심히 공부했다. 언더우드의 대학 성적은 늘 상위권에 있었다. 특히 희랍어와 웅변 성적이 뛰어났고, *삼각법, 천문학, 화학 등 과학 분야 성적이 좋았다. 이는 훗날 언더우드가 선교사로 한국에 왔을 때 아주 요긴하게 쓰이게 된다. 한국의 인재 양성에 큰 바탕이 되는 학문이었기 때문이다.

언더우드는 22세에 뉴욕대학교를 우수한 성적으로 졸업했다. 졸업을 하고 문학사 학위를 받으면서 언더우드는 아버지의 성실과 책임, 그리고 굳은 신앙심을 다시 한번 되새겨 보았다. 견디기 어려운 상황에서도 미국으로 가족들을 데리고 와서 불굴의 정신으로 가정을 일구신 아버지였다. 언더우드는 앞으로 자신에게 주어진 어떤 일도 아버지가 보여주신 정신으로 이겨 나가리라 다짐했다.

그해 가을 언더우드는 뉴브런스윅의 네덜란드 개혁신학교에 입학했다. 그는 *뉴브런스윅 신학교에 입학하면서 이제 본격적으로 신학도의 길을 걷고, 해외선교의 꿈을 키워 나갔다.

언더우드가 선교사로서의 꿈을 실현시키고 있을 때, 맏형 존은 아버지의 사업을 잘 이어나갔다. 존은 아버지의 생명보험으로 가족의 생계를 유지하는 한편, 뉴욕 브룩클린 지역으로 이사를 하고 공장도 새로 지었다. 그리고 타이프라이터(타자기)를 제작하기 시작했다. 모든 글을 손으로 쓰던 당시에 타자기의 출현은 대단히 획기적이고 가치 높은 발명품이었다. 존은 아버지가 하던 타자기 제작 기술을 더욱 연구하고 개량하여 우수한 타자기를 만들어 냈다. 형의 사업은 날로 발전해 나갔다.

하지만 언더우드 가족에게 다시 슬픈 일이 닥쳐왔다. 언더우드의 둘째 형이며 프랑스 유학을 함께 다녀온 프레드릭이 폐렴을 앓다가 세상을 뜬 것이다. 우애가 남달랐던 삼형제 중 차분하고 꼼꼼하던 둘째 프레드릭이 그렇게 허망하게 떠나자 남은 가족은 커다란 슬픔에 잠겼다. 언더우드는 언젠가 프레드릭 형과의 일이 문득 떠올랐다.

"호러스, 날 위해 시편 119편을 외워 줘."

"뭐라고? 제일 긴 119편을 내가 어떻게 외워?"

"그래도 날 위해서 해줘."

"형, 그건 좀 무리야. 시편 119편은 너무 길단 말이야."

호러스의 말에 프레드릭의 얼굴이 어두워졌다.

"넌 내가 죽기 전에 하는 부탁이라도 힘들면 거절하겠구나."

"형, 그게 무슨 말이야. 알았어. 외울게. 그러니 죽는다는 소리 제발 하지 마."

언더우드는 프레드릭을 위해 정말로 시편 119편 전체를 외웠다.

이제 시편 119편을 들려줄 프레드릭 형은 곁에 없었다.

쓸쓸함과 허전함에 가슴이 시렸지만, 첫째 존과 셋째 호러스는 다시 꿋꿋이 일어섰다. 존은 공장 일을 잘 도와줬던 프레드릭의 몫까지 하려는 듯 더 많은 일을 했다. 타자기의 생산량은 높아지고 더 많은 판매량을 올리며 사업은 점점 번창해 갔다. 존은 드디어 '언더우드 타이프라이터'라는 큰 회사를 세웠다. 존의 사업 성공은 나중에 언더우드가 한국에서 선교사로 활동할 때 많은 재정적 지원을 할 수 있는 힘이 되었다.

언더우드는 여전히 밤잠을 설쳐가며 열심히 공부했다. 언더우드의 성적은 전 과목 모두 우수했다.

"나는 처음 호러스를 보았을 때를 잊을 수가 없어요. 그는 대학을 다니면서 장차 뉴브런스윅 신학교에 갈 것을 목표로 하고 있었지요. 그의 얼굴에 나타난 진지함과 목적에 집중하는 모습은 나에게 강한 인상을 주었답니다."

신학교에서 언더우드를 다시 만난 메이번 교수가 한 말이다.

언더우드는 뉴브런스윅 신학교를 다니며 3년간 열심히 공부하는 한편, 전도에도 열중했다. 언더우드는 전도를 위해 거의 매일 *야회복을 차려입고 거리로 나갔다. 전도에 남다른 열정을 보이는 언더우드를 보고 교수들이 오히려 걱정했다.

"언더우드 학생, 그렇게 전도한다고 자꾸 밖으로 나가면 신학 공부에 방해가 되지 않겠어요?"

"네, 선생님. 하지만 제가 복음을 전하지 않으면 저에게 화가 있을 것입니다."

언더우드의 당찬 한마디에 교수들은 할 말이 없었다. 언더우드의 말이 모두 옳았기 때문이다. 언더우드는 매일매일 전도하기를 힘쓰며 어릴 때부터 가슴에 품었던 선교사의 꿈을 향해 힘차게 나아갔다.

- **삼각법** 각 함수의 성질과 원인 등을 알아내 그것을 응용하여 삼각형의 변과 각의 상호 관계를 연구하는 수학의 한 분과.
- **뉴브런스윅 신학교** 미국 독립전쟁 직후 설립된 북아메리카 최초의 신학교였다. 이 학교를 설립한 존 헨리 리빙스턴 박사는 노예 해방 운동에 앞장섰고, 해외선교도 중시했던 사람이다. 당시 이 학교 졸업생의 15%가 선교사로 세계 각국에 파견될 정도로 유명한 신학교이다.
- **야회복** 검정모직물로 지은 서양식 남자 예복으로, 상의 뒤쪽 아랫부분이 제비의 꼬리처럼 갈라진 옷을 말한다.

4.

내가 간다, 조선으로!

전도 열정을 가진 청년 대학생

언더우드가 선교사로서의 자질을 갖출 수 있었던 것은, 그의 안에서 끊임없이 불타오르는 선교 정신 때문이기도 했지만, 좋은 선생님을 만났기 때문이기도 하다. 언더우드에게 큰 감명을 준 사람으로는 메이번 교수와 네덜란드 개혁파 목사인 이스턴 박사가 있다.

언더우드는 이스턴 박사의 교회에서 그의 일을 돕고 있었다. 이스턴 박사는 인근 여러 교회의 부흥회를 자주 나갔다. 언더우드는 그 집회에 일일이 따라다니며 이스턴 박사를 도왔다. 어떤 주일은 최고 7~8회의 부흥집회가 있었는데, 언더우드는 지치는 기색 없이 모든 집회에 함께했다. 이스턴 박사가 열정적으로 부흥집회를 이끄는 모습은 청년 언더우드에게 깊은 감명과 배움을 안겨 주었다.

언더우드는 구세군 교회에서 하는 길거리 전도 사업에도 적극 참여했다. 언더우드는 전도하면서 인종, 계급, 출신, 교파 등으로 차별하며 파벌을 지어 대립하는 단체를 하나로 연합하는 운동을 했다.

"여러분은 예수 안에서 모두 한 형제자매입니다."

언더우드는 나누어진 교회가 서로 연합해야 한다고 항상 주장했다. 이런 언더우드의 교회 연합 정신은 한국에서도 그대로 나타난다. 언더우드는 일반 백성들뿐만 아니라 임금에서부터 천민에 이르기까지 모두가 친구요 형제라고 말했다. 언더우드는 여러 갈래로 갈라진 교단의 벽을 걷어 버리고자 많은 노력을 기울였다. 바로 외증조부 와우 목사의 교회 통합 정신이 그대로 언더우드에게 이어진 것이다.

신학생 시절의 언더우드는 늘 가난했다. 물론 형의 사업은 잘되었지만 아직 언더우드에게 넉넉한 학비를 대주기에는 이른 때였다. 언더우드는 하나님에 대한 굳은 믿음이 있어서 돈 때문에 걱정하는 일은 없었다. 그러다 보니 그는 돈에 대해 매우 무관심했다.

"어, 춥네. 불이 다 꺼졌나?"

신학 공부에 여념이 없던 어느 날, 언더우드는 꽁꽁 언 손을 부비며 석탄 난로에 다가갔다. 마지막 석탄마저 다 타 버려 불씨가 꺼져가고 있었다.

"저런, 석탄이 떨어졌네. 어쩐다?"

언더우드는 석탄 공급이 안 되니 미리 사 두어야 한다는 사람들의 말을 귓등으로 흘리고 석탄을 구비해 놓지 않은 것이었다. 결국 추운 겨울날 참으로 딱한 처지가 되고 말았다. 어쩔 수 없는 상황에서 언더우드는 싸늘하게 식은 난로를 우두커니 바라만 보았다. 그때 언더우드를 찾는 소리가 들려왔다.

"계십니까?"

놀랍게도 누군가가 석탄을 보낸 것이었다.

"대체 누가…?"

또 이런 일도 있었다. 언더우드가 가진 돈을 다 써 버렸는데, 다음날 돈 쓸 일이 갑자기 생긴 것이다. 어떻게 해야 하나 난감해하고 있는데, 갑자기 문 두드리는 소리가 났다. 문을 여니 안면이 있는 나이 지긋한 교수가 문 밖에 서 있었다.

"어? 교수님! 여기는 어쩐 일로….''

노교수는 언더우드를 물끄러미 바라보다가 주머니에서 무언가 꺼내 주고 말도 없이 가 버렸다. 언더우드는 그 노교수가 전해 준 봉투를 열어 보았다. 거기에는 얼마간 쓸 수 있는 제법 많은 돈이 들어 있었다.

"어찌 이런 일이….''

언더우드는 기적 같은 일에 한참 동안 입을 다물 수가 없었다.

"하나님, 감사합니다. 감사합니다.''

언더우드는 감격하여 그 자리에서 기도를 올렸다.

언더우드는 어느 여름 날 시골에 가서 책을 파는 일도 해 보았다. 장사 수완이 있어 제법 돈을 벌었다. 그러나 언더우드는 돈보다 많은 사람을 만난 것에 더 큰 의미를 두고 기뻐했다.

"난 이 일을 통해 많은 친구들을 사귈 수 있었던 것이 성공이라고 생각합니다. 정말 나는 이 일이 좋았습니다."

언더우드는 돈을 벌었기 때문에 성공했다는 말은 하지 않았다. 언더우드는 이때의 일을 두고두고 자주 회상하곤 했다.

언더우드는 학교생활 중에도 교회 일은 쉬지 않고 했다. 주일학교 모임에도 적극 참여해서 전도 책을 나누어 주며 복음을 전했다.

"예수님을 믿으세요. 주님의 복음입니다."

어느 날, 언더우드는 집에서 멀리 떨어진 유니언이라는 곳에 전도하러 갔다. 그곳은 험한 동네라고 소문난 지역이었다. 언더우드는 함께 전도하는 친구들과 어느 술집에 들어갔다.

"안녕하십니까? 주님의 복음을 전하러 왔습니다."

"뭐라고? 이봐요. 여긴 술집이오. 썩 나가시오."

주인은 쌀쌀하게 말하며 언더우드를 내쫓았다.

"네, 감사했습니다. 다음 주에 다시 오겠습니다."

언더우드와 친구들은 다음 주에 다시 그 술집을 찾아갔다.

"이런 얼빠진 녀석들 같으니라고. 오지 말라고 했지? 한 번 혼이 나야 정신 차리겠나!"

주인은 화를 내며 술집에 들어오지 못하게 했다. 그날도 쫓겨났지만 언더우드와 친구들은 끈질기게 술집을 찾아가 주인을 붙잡고 설득했다.

"이놈들, 경찰을 부르겠다."

주인은 험악한 얼굴로 겁을 줬다.

"사장님, 우리는 진실한 마음으로 전하는 것입니다. 예수 믿으면 죄를 용서받고 천국으로 갈 수 있습니다. 사는 게 기뻐지고 평안해집니다. 예수 믿으세요."

놀랍게도 언더우드와 친구들의 끈질긴 설득으로 결국 술집 주인과 단골손님들이 예수를 믿겠다고 고백하는 일이 일어났다.

동방의 나라 조선

언더우드는 신학교 졸업을 앞두고 뉴저지 주 폼프턴에 있는 교회를 맡았다. 작은 교회였지만 이 교회를 담임하는 동안 언더우드는 더욱 선교사의 꿈을 키워 갔다. 그는 교회에서 항상 행복한 편이었다. 성도들을 가족처럼 대하니 늙은이나 젊은이 모두 그를 친구처럼 대했다. 교회에서는 월급을 배로 올려 줄 테니 계속 목회를 맡아 달라고 요청했다. 그러나 언더우드에게는 선교사의 꿈이 있었기에 정중히 거절했다.

신학교 졸업 당시의 언더우드

그런 언더우드에게 마음속 큰 변화가 일어나기 시작한 일이 있었다. 언더우드가 다니던 뉴브런스윅 신학교 졸업생 중에는 해외선교사로 나간 사람이 많았는데, 선교사를 자원하는 학생들 모임이 있었다. 신학대학 2학년 어느 겨울, 언더우드는 그 모임에 참석해 한 회원의 논문 발표를 듣게 되었다.

"동방에 조선이라는 나라가 있습니다."

사실 언더우드의 마음속에는 언제나 인도가 있었다. 하지만 그날 들은 '조선'이란 나라가 그의 마음을 이상하게 콕콕 찔렀다.

당시 한국, 즉 조선은 미국과 처음 통상조약을 맺은 상태였다. 외국과의 교류가 전혀 없었던 조선이 나라의 문을 열고 미국과 서로 오갈 수 있게 된 것이다.

미국 교회에서는 "이제 조선 선교의 문이 열리게 됐습니다", "그렇습니다. 조선에 복음을 전할 때가 온 것 같습니다", "암요, 이제 선교사를 보내야 합니다."라는 말들이 쏟아졌다. 앞으로 조선의 선교를 위해 미국 교회가 무엇을 해야 하고, 누가 그곳에 가서 복음을 전할 것인지 수많은 의견이 오고갔다.

그러던 때에 언더우드는 일본 도쿄 명치학원의 앨트먼 목사가 하는 이야기를 듣고 또다시 마음에 찔림을 느꼈다. 이번에는 큰 울림이었다.

"조선에 누가 복음을 들고 갈 것입니까? 천삼백만 민족이 복음에 대해 모른 채, 가난과 질병, 천대와 멸시 속에 쓰러져 가고 있습니다. 다른 나라와 교류도 하지 않던 나라가 드디어 문을 열었습니다. 주님께서 묻고 계십니다. 누가 조선으로 가서 복음을 전하겠냐고!"

언더우드는 조선에 대한 이야기를 듣고 가슴이 뜨거워졌다. 후일에 언더우드는 이때의 심정을 이렇게 말했다.

난 당연히 인도로 갈 것으로 생각했습니다. 그리고 그런 확신으로 인도에 가기 위해 몇 가지 특별한 준비를 해 놓았습니다. 1년간 의학 공부도 계획하고 있었습니다. 그때만 해도 '나는 아니다. 나 말고 다른 사람이 조선에 갈 것이다. 하나님은 조선에 보낼 누군가를 준비하셨을 것이다.'라고만 생각하고 있었습니다. 그런데 1년이 지나도 아무도 조선 선교사로 자원하는 사람이 없었습니다. 그리고 어떤 교회도 선교사를 그곳에 보내려 하지 않았습니다. 오히려 지금 조선에 가는 것은 때 이른 일이라고 했습니다. 바로 그즈음 미세한 메시지가 나를 깨웠습니다. '네가 가면 어떻겠느냐?' 나는 마음이 뜨끔했습니다. 주저하는 마음이 생겼습니다. '인도 선교를 특별한 소명으로 알고 많은 준비를 한 나에게 설마 조선으로 가라고 하는 것은 아니겠지?'라고 생각하며 남의 일처럼 조선 선교 문제를 뒤로 미뤘습니다.

정말 언더우드는 인도와 조선, 두 나라를 두고 꽤나 갈등했다. 그런 갈등의 시간 중에도 언더우드는 뉴브런스윅 신학교와 뉴욕대학원을 졸업하고, 뉴욕 시에 있는 한 교회의 협동 목사로 일하기 시작했다.

언더우드의 갈등은 점점 약해지면서 '곧 조선으로 갈 사람이 나타날 거야.'라는 생각이 커져 갔다. 시간은 속절없이 흘러갔고, 금방이라도 조선에 선교사로 갈 것 같던 사람들은 도무지 반응이 없었다. 언더우드는 개인적으로 해외선교를 준비하는 친구에게 조선 선교사로 가기를 권유하기도 했다. 그러나 어느 누구도 조선으로 가겠다는 사람이 없었다.

'왜 다들 이러지? 주님께 선교사로 헌신하기로 맹세한 사람들이 왜 선뜻 나서지 않는 거지? 주님이 기다리시는 그 땅에 갈 선교사가 이렇게도 없단 말인가?'

사라진 줄로만 알았던 언더우드의 갈등이 다시 고개를 쳐들었다. 그 때 돌연히 또 한 번의 강력한 반문의 소리가 그의 마음을 뒤흔들어 놓았다.

"너는 왜 못 가느냐?"

그 음성은 전보다 더 찌릿하게 온몸을 떨게 했다. 자신의 목소리나 자신의 뜻에서 나온 음성이 아니었다. 분명한 것은 알 수 없는 곳에서 들려오는 날카로운 메시지였다는 것이다.

"그렇구나. 난 왜 못 가는 것이지?"

언더우드는 스스로 깜짝 놀랐다. 그리고 남 탓만 하던 자신을 돌아보았다.

"아…."

언더우드는 쓰러질 것만 같았다. '그럼 내가?' 그 순간 온몸에 화끈한 열이 났다. 자기도 모르게 입에서 말이 터져 나왔다.

"그럼 내가 간다, 조선으로!"

언더우드 일생에 그처럼 극적인 순간이 있었을까? 그 순간은 바로 한국의 기독교가, 한국의 교회가, 한국의 학교가, 한국의 교인이, 한국의 인물이 빛을 발하게 되는 순간이었다.

거절과 기다림의 시간

언더우드는 조선 선교사를 결심한 후 다시 1년이라는 시간을 보내며 인도 선교에 대한 마음을 정리해야 했다. 오로지 인도만 바라보며 준비했던 것을 다 내려놓는 일은 결코 쉽지 않았다. 그를 또다시 고민과 번뇌로 연단하게 하는 시간이었다.

더군다나 조선 선교사로 가는 길은 생각처럼 손에 잡히지 않았다. 당시 소속되어 있던 개혁교회 본부에 조선 선교 청원서를 냈으나 자금이 없다는 이유로 두 번씩이나 거절당한 것이다. 이어 미국 북장로회 해외 선교부에도 같은 요청을 두 번이나 냈지만 이 역시 시기상조라는 이유로 받아들여지지 않았다. 게다가 전에 다녔던 교회에서는 그의 간청을 쓸데없는 일이라고 무시해 버렸다. 하나님의 부르심인 줄로 믿었던 조선 선교의 꿈은 후원받을 곳 하나 찾지 못한 채 접어야 할 판이었다. 언더우드의 마음은 찢어질 듯 아팠다. 점점 조선 선교사라는 목표와 멀어지는 듯한 현실에 마음은 어지럽고 낙심한 상태가 되었다.

그러한 때에 뉴욕에 있는 한 교회에서 목사님으로 와 달라는 요청이 왔다. 언더우드는 다시 마음의 갈등을 여러 번 겪은 끝에 담임목사로 가겠다는 수락의 편지를 쓰고 말았다. 그리고 언더우드가 그 편지를 막

우체통에 넣으려는 순간이었다.

"조선에 갈 사람이 하나도 없다니, 이제 그 나라는 어떻게 되겠는가?"

또다시 알 수 없는 음성이 들려왔다. 언더우드는 화들짝 놀랐다. 그 순간 그는 편지를 도로 주머니에 집어넣었다. 그리고 잠시 그 자리에 멈춰 서서 눈을 감았다. 그의 얼굴이 점점 굳어져 갔다. 언더우드는 발걸음을 휙 돌려 어금니를 지그시 물고는 힘차게 걸어갔다. 어느새 그의 앞에는 조선 선교 청원을 두 번이나 퇴짜를 놓은 장로회 선교본부 건물이 떡하니 서 있었다.

그런데 정말 믿지 못할 놀라운 일 두 가지가 그를 기다리고 있었다. 첫째는 앨린 우드라는 사람이 미국 북장로회 선교본부 해외선교부를 책임지고 있는 총무로 왔다는 사실이었다. 그는 조선 선교에 대단히 관심이 많은 사람이었다. 둘째는 브루클린에 사는 평신도 한 분이 조선 선교에 써 달라고 보낸 1,250달러의 헌금이 막 도착한 사실이었다. 이 일은 언더우드에게 들린 '신비한 음성'이 조선과 언더우드가 드디어 연결되는 현실로 뒤바뀌는 역사적 사건이었다.

1884년 조선 선교사로 임명받은 25세의 언더우드

언더우드는 앨린 우드의 도움으로 장로교 본부 회의 때 조선 선교사로 임명 받았다. 이로써 1884년 7월 28일 호러스 그랜트 언더우드는 미국 북장로교 선교본부가 임명한 최초의 조선 선교사가 되었다. 언더우드는 그해 11월, 뉴브런스윅 노회에서 선교사로 떠나기 위한 목사 안수를 받은 뒤, 곧 조선 파송의 길을 떠났다. 언더우드는 시카고를 거쳐 샌프란시스코에 도착했고, 그곳에서 12월 16일 '첫 선교지' 조선을 향해 출발했다. 그때 언더우드가 챙긴 짐은 여행용 가방 하나와 타자기 한 대, 그리고 대형 카메라 하나가 전부였다.

언더우드를 만나 변화된 한국의 인물들

김 규 식
번개비에서 독립운동가로

"목사님 번개비가 또 사라졌습니다."

"허어, 오늘도 내 속을 태우는구나."

언더우드 선교사는 번개비가 없어졌다는 말에 구세학당 마당을 한번 휘돌아 보며 씁쓸하게 웃었다.

"목사님, 어떻게 할까요? 번개비가 있는 곳을 아는데 데리고 올까요?"

"아니다. 지금은 그럴 때가 아니야. 그 애도 얼마나 마음속에 풍랑이 일면 그러겠느냐."

언더우드는 가출과 귀가를 밥 먹듯이 하는 사춘기 번개비를 애처롭게 생각하며 묵묵히 마음 잡기를 기다렸다.

번개비라 불리던 김규식은 어릴 때 천애의 고아가 되어 가난과 질병, 굶주림으로 어쩌면 세상의 빛을 보지 못했을지도 모를 때 언더우드가 거둔 인물이다. 언더우드가 고아원에서 데리고 온 김규식은 그 후에도 모진 가난과 굶주림으로 생긴 간질과 위장병이 쉽사리 낫지 않아서 어린 시절 내내 고통스럽게 견디고 있었다. 언더우드 부부는 김규식의 건강을 위해 정성을 다해 그를 돌보았다. 번개비라는 별명은 그가 하도 행동이 재빠르고 동에 번쩍 서에 번쩍 하는 민첩성이 있어 붙여진 것이었다.

가난과 병에 찌든 번개비의 모습은 비록 볼품없었지만 그의 눈빛과 총명함은 그대로 살아 있었다. 김규식은 언더우드 학당에 다니면서 영어와 수학, 라틴어, 신학, 과학 등을 배우며 그의 재능을 꽃 피우기 시작했다. 번개비는 특히 영어를 빨리 익히고 정확하게 구사하는 능력을 보였다. 하지만 사춘기에 들어서자 친아버지를 찾는다고 몰래 가출하여 거리를 헤매고 다녔다. 교인들이 그런 김규식을 붙잡아 언더우드 앞에 데리고 왔지만 김규식의 가출은 반복되었다. 그러던 중 우연한 기회에 귀양에서 풀려났다는 아버지 소식을 듣고 말도 없이 고향 홍천으로 가 버렸다. 김규식의 가출에 몇 번이고 참고 기다렸던 언더우드는 이때는 정말 깊이 한탄했다.

"내가 그 아이를 잘못 보았나? 어떻게 이럴 수가 있단 말이냐."

한동안 김규식으로 인해 속상했던 언더우드 앞에 어느 날 김규식이 홀연히 나타났다. 김규식이 고향으로 돌아간 뒤, 얼마 안 되어 할머니가 돌아가시고, 이어 아버지마저 돌아가신 것이었다. 설상가상 할아버지와 큰형도 차례로 세상을 뜨고 말았다. 하늘 아래 김규식은 진짜 혼자였다. 이처럼 김규식의 사춘기는 슬프고 외롭고 불행했다.

　다시 언더우드의 품으로 돌아온 김규식을 바라보며 언더우드와 호턴은 변함없는 사랑을 보여 주었다. 김규식은 예수교학당(민노아학당)에 입학했고, 신앙 활동에도 전심을 다했다. 김규식은 언더우드 선교사의 은혜를 잊지 않고 보답하기 위해 몸과 마음을 곧게 하고 모든 일에 열심을 보였다. 이런 김규식은 후에 한국인 교역자들 중에 가장 성실하고 유능하다는 인정을 받았다.

　김규식은 언더우드 학당을 마치고 *서재필을 만나 독립신문 기자로 일하기 시작했다. 그리고 드디어 언더우드의 권유와 후원에 힘입어 미국 유학길에 올랐다. 언더우드가 보내 주는 학비로는 부족했던 그는 막노동과 각종 아르바이트를 닥치는 대로 하며 치열하게 살아갔다.

　김규식은 미국 프린스턴 대학에서 석사학위를 마치고 귀국했다. 그때는 조선이라는 나라가 *대한제국이 되었고, 그 대한제국이 일본에게 넘어가려는 아주 위태로운 순간이었다.

　한국에 돌아온 김규식은 언더우드의 비서로 일하며 새문안교회의 장로가 되었다. 김규식은 언더우드 선교사가 곳곳에 개척교회를 설립하는 데도 함께하며 온힘을 다해 도왔다. 그는 또 YMCA의 지도자가 되어 선교 및 교육을 통해 민족 복음화를 위해 헌신했다. 그러다가 일제의 극심한 감시와 탄압이 있자 중국으로 망명했다.

　겨레와 민족의 독립을 위해 본격적으로 싸우기 시작한 김규식은 독립운동가로 활약하다가 해방이 되자 귀국하여 우리나라 *입법위원 의장이 되어 대한민국이 탄생하는 데 필요한 법을 만들었다. 그리고 당시 대통령인 이승만과 남북

문제를 평화적으로 해결하기 위해 많은 노력을 기울였다. 한국의 대표적 학자이며 독립운동가요 정치가였던 그는 안타깝게 한국 전쟁 때 북한에 납치되어 끝내 돌아오지 못했다.

김규식 박사가 우리나라 민족의 지도자로 성장할 수 있도록 보살피고 자라게 한 사람은 바로 언더우드 선교사였다. 언더우드와의 만남이 없었다면, 김규식의 생명의 불꽃은 어떻게 되었을까? 김규식이 감당했던 한국 교회와 한국의 지도자 역할은 없었을지도 모른다. 언더우드를 만남으로써 죽음의 위기에서 새 생명을 얻고, 미국 유학을 통해 서양문물과 근대교육을 접하면서 한국의 지도자로 설 수 있었던 것이다. 그리고 무엇보다 언더우드와의 만남을 통해 그는 일생 일대 최대의 축복인 하나님을 만날 수 있었다.

- **서재필** 김옥균 등과 함께 20세 때 갑신정변에 적극적으로 참가했다. 갑신정변이 실패하자 김옥균·박영효·서광범 등과 함께 일본으로 망명했다가 다시 미국으로 망명했다. 이때 서재필의 가족은 역적으로 몰려 모두 몰살당하고 두 살 된 아들은 굶어 죽었다. 그는 미국으로 가서 조지워싱턴대학교 의과대학에서 공부하여 최초의 의학박사가 되었다. 그 후 귀국하여 배재학당에서 가르치고 이승만에게 영향을 주었으며 〈독립신문〉을 창간했다. 독립협회를 만들었으며 회원들과 함께 독립문을 만들어 세웠다.
- **대한제국** 1897년 10월 12일부터 1910년 8월 29일까지 불렸던 조선의 국명이다.
- **입법위원** 우리나라가 해방되어 미군이 임시로 한국을 맡았을 때인 1946년 12월, 대한민국 정부를 세우는 법을 만들기 위해 구성된 위원을 말한다. 김규식이 첫 입법위원의 의장이 되었다.

Horace Grant Underwood 1859 -1916

2부

언더우드의 불타는 조선 사랑

5.

제중원에서 시작한 선교 활동

알렌 선교사를 돕다

제물포에서 언더우드 선교사는 미국 공사의 곱지 못한 눈길을 뒤로 하고 일단 서울로 들어왔다. 하지만 당장 어떤 일을 해야 할지 막막하기만 했다.

"언더우드 선교사님, 우선 병원 일을 거들어 주셨으면 합니다."

언더우드는 알렌 선교사의 부탁으로 광혜원에서 일하기 시작했

우리나라 최초의 서양식 의료기관 광혜원

다. 광혜원은 알렌 선교사가 세운 병원으로, 나중에 제중원이라는 이름

으로 바뀌게 된다.

　알렌 선교사가 광혜원을 세울 수 있었던 것은 당시 조선의 사정과 관계가 있다. 그때 조선은 전통을 중요시하고 외국으로부터 자주성을 지키자는 보수파와, 새로운 문물을 바탕으로 나라를 개혁하자는 개화파 사이에 세력 다툼이 있었다. 그러다가 우정국(오늘날 우체국)을 개설하는 식장에서 개화파들이 무력으로 보수파를 제거하고 세력을 잡았다. 하지만 청나라의 개입으로 개화파는 삼일 만에 무너져 버리고 말았다. 이 사건을 갑신정변이라고 한다.

　이때 보수파의 중심이 되던 민영익이 치명적 부상을 입었는데, 알렌이 치료를 해주어 그의 생명을 건졌다. 나라에서는 그 공을 인정하여 알렌을 왕실의 의사로 임명했고, 알렌은 궁궐을 자주 왕래하며 왕실 사람들의 건강상태를 진찰해 주면서 점차 조선 왕실의 중요한 인물로 떠오르게 되었다.

　당시 조선의 임금인 *고종은 알렌을 통해 진찰뿐 아니라 국제 정세까지도 물어보며 친하게 지냈다. 그러다 보니 사람들 사이에서는 무슨 일을 하려면 알렌을 통해야 임금을 움직일 수 있다는 말까지 돌게 되었다. 고종은 국가가 경영하는 병원, 즉 오늘날로 말하면 국립병원을 알렌에게 세우라고 했고, 그렇게 해서 세워진 병원이 광혜원이었다. 언더우드 선교사의 조선 땅 입국은 하나님이 미리 준비하신 이런 일들이 있었기에 가능했던 것이다.

언더우드는 광혜원에서 약제사로 일하기 시작했다. 당시 조선의 상황에서는 당장 선교하러 다닐 수가 없었다. 대신 언더우드는 광혜원에서 약을 지어 주며 조선 백성들을 만났다. 그는 항상 친절하고 겸손한 자세로 사람들을 대했다. 당시의 조선은 오랫동안 외국에 대해 문호를 닫은 터라 한양에는 외국인들이 즐길 수 있는 문화적 시설이 거의 없었다. 또 한양의 길은 좁은 골목인 데다 비만 오면 진흙 수렁으로 변했다. 깨끗하지 못한 환경 때문에 전염병이 쉽게 번질 수 있는 조선의 현실을 바라보며 언더우드는 마음이 아팠다.

그는 때를 기다리며 성실히 약제사로서의 일에 임했다. 그러나 기도하고 결심하고 준비하며 고대하던 조선 선교는 첫걸음부터 순탄하지 않았고, 나아지는 기미가 없이 시간만 흐르니 점점 절망하는 상황에 이르렀다. 언더우드는 매일 온몸이 으스러지는 듯한 간절한 기도를 올릴 수밖에 없었다.

주님, 엎드려 두 손 모아 기도합니다.
아, 아직도 저는 어둠 속을 걷습니다.
앞을 볼 수 없는 짙은 안개 골짜기가 이어집니다.
주님이 가라시던 땅에서 갈 길을 잃었습니다.
사방이 막히고 숨 쉬기조차 어렵습니다.
환영 따윈 애초 바라지도 않았습니다.
다만 그들 앞에 설 수만 있다면 좋다고 생각했습니다.

주님, 저에게 힘을 주옵소서.

환란과 멸시, 천대도 능히 이기게 해 주소서.

우상숭배의 어두운 그림자가 서리고

탄압의 서슬이 퍼렇게 내린 조선 땅에

가난의 절망 속에도 정이 넘치는 이 땅에

주님의 강한 팔에 붙들리어

복음을 들고 담대히 걸어가게 해 주소서.

지금 비록 선교하러 나서진 못해도 그때를 기다립니다.

주님, 저의 길을 인도하여 주옵소서.

그들이 보고 싶습니다. 그들의 손을 잡고 싶습니다.

기드온 나팔소리가 들리는 그날처럼

신랑 되신 예수님 맞는 슬기로운 다섯 처녀처럼

저는 준비하고 기다리겠습니다.

이 세상 어떤 위험도 저를 이기지 못할 것입니다.

제 뒤엔 주님이 계시니까요.

주님, 저는 믿습니다.

이 조선 땅에 우뚝 예배당이 서고

학교 마당에 아이들 웃음소리가 나며

하나님의 사랑을 알아 그 삶이 변화된 조선 사람들.

그들 입에서 찬송이 울려 퍼지는 날을 말입니다.

지금은 암울하고 앞날을 헤아릴 순 없어도
주님이 가라고 하시는 날 단숨에 뛰어나가겠습니다.
이 목숨 하나 내놓아도 괜찮습니다.
저에게 겨자씨만한 믿음을 주옵소서.
산을 옮길 만한 믿음을 더하여 주옵소서.

주님, 간절히 기도드립니다.

- 조선의 형편으로 선교가 막힌 언더우드의 심정을 작가가 유추해 쓴 언더우드의 기도

의술이 먼저냐, 선교가 먼저냐

26세의 젊은 선교사 언더우드는 막역한 친구 아펜젤러가 함께 조선 땅을 밟지 못한 채 다시 일본으로 되돌아가고, 자신은 선교사로 왔는데 복음을 전하지 못하는 답답한 현실에 절망스러웠지만 다시금 하나님께 긍정의 기도를 올렸다.

"하나님, 저는 조선을 낙원이라 생각하겠습니다. 이 나라로 저를 보내 주심을 감사드립니다."

언더우드 선교사는 조선에 온 지 며칠 뒤 엘린우드 총무에게 편지를

썼다.

한양(서울)엔 무사히 도착했습니다.
조선 사회는 아직 불안합니다. 그래서 조선인들은 불안해하고 있습니다.
제물포에서는 미국 공사관 직원들이 저보고 일본으로 돌아가라고 했지만 저는 끝내 서울로 들어왔습니다.
알렌 선교사는 자신의 역할을 잘하고 있으며 저와 함께할 *헤론 의사를 기다리고 있습니다.

당시 조선의 조정은 선교사들의 선교 활동을 철저히 금하고 있었기 때문에 선교사들이 할 수 있는 사역은 의료 사역과 교육 사역뿐이었다. 그래서 의사로 온 선교사들은 병원 사역을, 의사가 아닌 선교사들은 교육 사역부터 시작했다. 언더우드 역시 먼저 교육으로 선교하기로 마음먹었다.

"언더우드 선교사님, 반가운 소식입니다."

어느 날 알렌 선교사가 제중원 문 안으로 뛰어 들어오면서 소리쳤다. 환자들을 살피며 간간히 영어를 가르치던 언더우드가 자리에서 벌떡 일어났다.

"선교사님, 우리 제중원에 의학교가 세워진답니다. 이제 선교사님도 의학교에서 할 일이 많아질 거예요."

언더우드는 무척 기뻤다. 하지만 다른 한편으론 개운치 않은 무언가가 있었다. 그것은 알렌과 언더우드의 선교에 대한 생각이 다른 데서 생겨난 불안감이었다. 알렌은 앞으로 성공적인 선교를 위해선 우선 조선의 왕과 관리, 그리고 조선 백성들의 마음을 사로잡아야 한다고 주장했다. 특히 나라에서 선교를 금하고 있는 이런 때에, 사람들의 마음을 사로잡는 일에는 의료기술을 펼치는 것만큼 좋은 것이 없다고 생각했다. 그의 노력과 열성으로 제중원에 의학교가 생긴 것도 알렌의 생각이 결실을 맺은 것이었다.

하지만 언더우드의 생각은 조금 달랐다. 언더우드는 선교가 먼저이고, 그 선교를 하는 수단으로 의술을 펼쳐야 한다고 생각했다. 물론 선교가 매우 어려운 조선의 상황을 이해 못하는 것은 아니었지만, 그런 어려움과 고난까지도 뛰어넘어야 뜻한 바 선교를 이룰 수 있다고 생각했다.

알렌의 '의술 먼저'와 언더우드의 '선교 먼저'는 이후에도 가끔씩 충돌했다. 하지만 언더우드는 우선 자신에게 주어진 일에 책임을 다하고 성실하게 학생들을 가르쳤다. 언더우드는 제중원 의학교에서 물리와 화학을 가르쳤다. 그가 뉴욕대학교에서 우수한 성적으로 공부했던 것이 많은 도움이 된 건 당연한 일이었다.

"이번에 입학한 16명의 학생 여러분, 반갑습니다. 오늘부터 영어 공부를 시작합니다. 여러분은 똑똑하고 패기 있는 젊은이들입니다. 잘해 나가리라 생각합니다."

언더우드는 한국말로 또박또박 학생들을 향해 말했다. 언더우드가 그동안 익힌 한국어 실력은 수업을 가능하게 할 만큼 능숙했다. 언더우드는 학생들에게 가능한 한 빠르게 영어를 습득하도록 가르쳤다.

언더우드는 제중원에서 일하는 동안 언제나 경건한 신앙적 자세를 보이면서 학생들을 대했다. 학생들도 겉으론 드러내지 않았지만 언더우드의 뜻에 공감하고 기독교 선교사가 하는 일을 이해하며 잘 따랐다.

시간이 점점 흐르면서 언더우드는 한국 사람이 듣던 것과는 많이 다르다는 걸 알게 되었다. 한국 사람들은 성격이 명랑하여 금세 친해진다. 또 의논할 문제가 있을 때 찬성과 반대가 분명하다. 새롭게 변해야 할 일이 있으면 흔쾌히 받아들이면서도 그들이 지켜야 할 전통과 신념, 관습은 철저하게 지킨다는 사실을 알게 되었다.

- **고종** 조선의 26대 왕. 흥선대원군의 둘째 아들로 12세에 왕위에 올랐으며 외세에 의해 힘이 약해진 조선의 자주를 위해 힘쓴 왕이다. 조선의 자주를 위해 나라 이름을 대한제국이라 하고 자신이 스스로 황제가 되었으나 일본에 의해 강제로 폐위되어 왕위에서 물러났다.
- **헤론** 알렌에 이어 제2대 제중원 원장이다. 미국의 의사 선교사로 언더우드 선교사보다 두 달 늦게 한국에 들어와 언더우드와 함께 초기 선교에 힘썼다.

6.

고아의 아버지가 되어

구세학당을 세우다

 언더우드 선교사는 제중원에서 환자들을 돌보다가 떠돌이 아이들의 이야기를 들었다. 그들은 대부분 부모가 없는 아이들이었다.
 "부모 없이 아무렇게나 내쳐진 저 아이들을 어떡하나. 저 아이들도 하나님이 사랑하는 생명들인데."
 언더우드는 제중원에서 일하면서 아이들과 가까이하는 동안 그들이 얼마나 인간 취급도 못 받으

언더우드 고아원. 1901

며 불쌍하게 사는지 알게 되었다.

"그래, 저 아이들을 내가 돌봐야겠구나. 이런 것이 선교 아닌가."

언더우드는 조선에 들어온 그해 말, 고아원 설립을 추진했다. 당시 까다롭던 조선 관리들이 고아원에는 별다른 생각이 없었는지 의외로 허가를 쉽게 내 주었다.

"됐다. 이건 하나님의 은혜다."

언더우드는 고아들을 불러 모아 그들을 돌봐 주고 가르쳤다. 고아원 원장은 조선인이었지만 실제 운영은 언더우드가 맡아 했다.

언더우드는 고아원과 배움터 역할을 하는 *구세학당을 경영하면서 선교사와 선교사 부인들의 힘을 빌었다. 헤론 부인이 쓴 글에는 이때의 상황이 잘 담겨 있다.

우리는 고아원을 위해 집 한 채를 샀습니다.
지금 일꾼들이 집수리를 위해 벽을 만지고 있습니다.
우리 집에서 바로 길 건너편에 있습니다.
언더우드 선교사님이 전적으로 고아원을 맡을 것이고
우리 여자들은 그를 도울 것입니다.
알렌 부인과 저는 오르간을 치며 교회 노래를 가르칩니다.
조선의 아이들은 노래를 참 잘 부릅니다.

또 다음과 같은 글도 썼다.

고아원은 잘 되어 가고 있습니다. 현재 10명이 등록되어 있습니다.

그중 한 명은 아픈 어머니를 보러 어제 나갔습니다.

그런데 이곳 사람들은 우리를 자꾸 의심합니다.

우리가 고아원을 만들어 무슨 이익이나 바라는 줄 알고

우리의 뜻을 이해하지 못합니다.

아이들을 노예로 팔아 버린다고 하질 않나

심지어 아이들을 잡아먹는다는 등 별별 이야기가 나돕니다.

정말 속상합니다.

하나님, 이 아이를 살려 주십시오!

언더우드가 고아원을 운영할 때 조선 사람들은 온갖 이치에 맞지도 않는 상상을 하며 지켜보고 있었다. 그러던 어느 날, 한 사람이 어린아이를 데리고 찾아왔다.

"선교사님, 이 아이를 맡아 주시면 안 되겠습니까?"

"아직 너무 어린아이가 아닙니까? 몇 살이나 됐습니까?"

언더우드는 걸음이나 제대로 걸을 수 있을까 싶을 정도로 어려 보이는 아이를 바라보며 되물었습니다.

"네 살이고, 이름은 규식입니다. *김규식."

언더우드는 심한 영양 부족으로 매우 여위고 파리한 모습을 한 어린아이를 보고 말문이 막혔다. 그동안 고아를 거두는 일을 하고 있었지만 지금 이 아이는 너무나 어렸다.

"이 아이의 아비는 귀양을 갔습니다. 어미는 그 충격으로 죽었고요. 또 친척들은 생활이 너무 어려워 애를 맡으려 하질 않습니다."

"아, 이 일을 어찌하나."

언더우드는 정말 난감했다. 지금 고아원 형편으로는 네 살 어린아이까지 돌볼 여력이 없었다. 게다가 사실 이 아이는 엄밀히 말하면 고아는 아닌 것이었다. 언더우드는 마땅히 거둘 방법이 없어 일단 아이를 친척들에게로 돌려보냈다. 하지만 계속 마음이 쓰이고 아팠다.

"아, 저런 아이를 받아들이지 못하는 현실이 너무나 안타깝구나."

언더우드는 하늘을 올려다보며 탄식했다. 그런데 얼마 지나지 않아 그 아이의 소식이 들려왔다.

"그 규식이라는 아이가 생명이 위급하답니다."

언더우드는 아이가 몹시 아픈데다가 돌봐 주는 사람 없이 방치되어 있다는 딱한 이야기를 듣고는 더 이상 가만히 있을 수가 없었다. 언더우드는 분유통과 약봉지를 들고 황급히 그 아이를 만나기 위해 강원도 홍천으로 달려갔다. 사실 그때 언더우드도 과로와 몸살로 몹시 피곤하고 아픈 상태였다. 그렇지만 어린 규식이의 소식을 듣고는 도저히 그대로 있을 수가 없었다. 도착하여 본 어린 규식이의 모습은 처참하기 그지없었다. 열병으로 몸은 마른 나무같이 앙상했고, 며칠을 굶었는지 울부짖으며 벽지를 뜯어 먹고 있었다. 세상에 이처럼 딱하고 불쌍한 아이가 또 어디 있을까.

"아, 이 아이를 어찌한단 말인가!"

언더우드는 어린 규식이를 품에 안았다. 규식이의 할딱거리며 뛰는 심장 박동이 언더우드의 가슴으로 전해졌다. 언더우드의 눈에 눈물이 핑 돌았다.

"이 아이를 제가 데리고 가겠습니다."

언더우드는 더 이상 상황과 형편을 따지지 않기로 했다. 오직 어린 규식이의 생명이 중요했다.

"저 아이는 죽을 거야. 틀림없어."

언더우드가 어린 규식이를 데리고 고아원으로 왔을 때 주위 사람들이 수군거렸다.

"데려온 아이가 죽으면 그 책임은 누가 져? 더구나 외국 사람이 조선 아이를 데리고 와서 죽게 한다면 엄청난 욕을 먹을 텐데."

"그러게. 어렵게 조선 땅을 밟은 선교사님이 공연히 위험한 일을 만들고 있네."

사실 걱정하는 사람들의 말에도 일리는 있었다. 아이가 잘못되는 날에는 조선에서 쫓겨날 수 있었다. 더군다나 외국인이 조선 아이들을 노예로 보낸다, 잡아먹는다 하는 온갖 괴담이 돌고 있을 때라 어떤 험한 누명을 쓸지도 모르는

1888년 언더우드 고아원의 아이들
(맨 앞줄 가운데 서 있는 꼬마가 김규식)

상황이었다.

'어떻게 온 조선인데….'

잠시 언더우드의 마음이 흔들렸다. 그러나 곧 그런 생각을 떨쳐 버리고 어린 규식을 자신이 맡기로 했다.

"하나님, 이 아이를 살려 주십시오."

언더우드는 무릎을 꿇었다. 어린 규식은 병과 굶주림의 후유증으로 오랫동안 치료를 받아야 했다. 언더우드는 하나님께 기도하면서 정성을 다해 규식이를 간호했다. 언더우드의 정성과 노력은 꺼져 가던 어린 생명을 마침내 죽음에서 구해냈다. 언더우드는 어린 규식을 양자로 입양하여 '존'이라 부르고 아이의 아버지가 되었다. 어린 규식은 몸이 정상으로 회복되면서 건강하게 자랐다. 총기가 있던 어린 규식은 자라면서 자신의 재능을 드러내기 시작했다. 놀라울 정도로 영어를 빠르게 익혔고, 기독교를 자기 삶에 적용하는 모습이 뛰어났다. 언더우드는 신앙심 깊고 다재다능한 어린 규식이 청년이 되자 미국으로 유학을 보냈다. 이 어린 규식이 장차 한국 근대사에서 큰일을 감당하는 인물 김규식이다.

- **구세학당** 언더우드가 세워서 언더우드 학당이라고 했다. 돌봐 주는 사람 없는 한국의 아이들을 먹이고 입히며 공부도 하게 한 언더우드의 학교이다.
- **김규식** 서울에서 출생했으나 어린 시절 집안의 불운으로 언더우드 선교사가 양자로 거두어 키우며 교육했다. 미국 로노크대학에서 유학하고 귀국하여 언더우드 선교사의 비서와 경신학교, 배재전문학교 교사, 새문안교회 장로가 되었다. 1919년 2월 한국 대표로 파리강화회의에 파견, '일본으로부터의 해방과 한국의 독립국가로의 복귀에 관한 청원서'와 '한민족의 주장'을 파리 강화 회의에 제출하여 일제 침략의 악랄함과 한국 독립의 필연성을 호소했다. 대한민국임시정부 부주석을 지냈고 해방 후 입법위원 의장(국회의장)을 지냈다.

7.

한국에 심은 교육 나무

가르치고 또 가르치고

"아이들을 가르쳐야 해. 가난하고 무지한 이 땅의 아이들을 가르쳐야 해. 그들에게 희망과 사랑을 심어 주어야 해."

언더우드는 입버릇처럼 중얼거렸다. 직접적인 선교의 길이 막힌 상태에서 선교의 길이라곤 학교를 세우고 아이들을 가르치는 일뿐인 절박한 상황이 언더우드를 더욱 교육 사업에 불붙게 했다.

'아무것도 모르는 저 아이들이 사리를 깨우치고 하나님의 사랑을 알고 산다면 그 삶이 얼마나 행복할까….'

언더우드는 고아원 안에 학교를 세우고 천민의 아이들을 가르치기 시작했다. 정부의 정식 허가도 받았다.

"선교사님, 겨우 두 명 가지고 어떻게…."

주위에서는 학생이 달랑 두 명밖에 없는 걸 보고 걱정했다.

"처음부터 만족할 수 있겠습니까? 차차 많은 아이들이 올 것입니다. 전 믿습니다."

얼마 되지 않아 언더우드의 말대로 사방에서 아이들이 찾아왔다. 미국 선교본부에 보낸 언더우드의 편지를 보면 그런 내용이 담겨 있다.

매일 아침 아이들 서너 명이 찾아왔습니다.
저는 그들에게 영어를 가르쳐 주려고 애를 쓰고 있습니다.
학교로 사용할 수 있는 건물만 있다면 지금 당장이라도
많은 학생들을 불러 모을 수 있을 것입니다.
아이들이 모이고 학교가 커지면 제가 직접 영어를 가르치겠습니다.
또 한국어도 함께 공부하도록 하겠습니다.

언더우드는 학교를 운영하는 일을 놓고 쉬지 않고 기도하면서 진행했다. 학생들의 숫자는 날이 갈수록 늘어났다.

언더우드는 거리에 나가 전도할 수는 없었지만 학당에서 조용히 아이들을 가르쳤다. 학과목을 늘려 한문과 성경뿐만 아니라 미술, 체육, 번역, 교회사까지 가르쳤다. 그런데 이 일에 토를 달고 나서는 사람들이 있었다. 직접 전도하는 것만이 선교라고 주장하던 일부 선교사들이었다. 그들은 기독교 학교는 기독 신자들만 입학해야 한다고 말했다.

"기독교를 믿지 않는 사람이라 할지라도 교육의 혜택은 누구에게나 줘야 합니다. 장차 그것이 조선 선교에 중요한 밑거름이 될 것이라고 저는 믿습니다."

언더우드는 자신의 생각을 굽히지 않았다. 언더우드의 열정과 배우고자 하는 아이들의 열정이 한데 어울려 언더우드 학당의 열기는 뜨거웠다.

그런데 주변에서는 언더우드가 세운 학교가 예수교 학당이니 구세학당이니 말이 많았다. 이는 교육 사업을 펼쳐 보려던 언더우드가 얼마나 많은 장애에 부딪쳤는지를 보여 주는 증거이기도 하다.

"도대체 한국에 학교를 세우려고 온 거야, 선교하러 온 거야? 도무지 꿍꿍이속을 모르겠어."

외국인 선교사들 사이에서도 싸늘한 시선과 비판이 이어졌다.

"학교를 세워 교육한다고 해놓고 기독교를 퍼트릴 때는 가만두지 않겠어."

조선 정부에서도 언더우드가 하는 일을 매섭게 주시하고 있었다.

이렇게 사방에서 감시와 비판의 눈총을 보내자 언더우드는 잠시 학교 문을 닫기로 결정했다. 그 후로 3년 동안 교육 사업은 중단되었다. 언더우드는 이때의 일을 회상하면서 가장 힘들었던 일은 같은 선교사들의 오해와 반대였다고 했다.

"학교를 이끌어 가는 일이 이리 힘들 줄이야. 하지만 조선 젊은이의 교육을 멈출 수는 없어."

언더우드는 고심 끝에 새문안교회 안에 학교를 세우고 그 학교를 '영신학교'라고 불렀다. 언더우드는 영신학교에서 교육 선교 활동을 계속하며 아이들과 젊은이들에게 기독교를 전파하고, 학문을 가르치는 일에 최선을 다했다.

그러던 어느 날, 조선 정부의 높은 지위에 있는 사람이 찾아왔다.

"언더우드 선교사님, *육영공원을 맡아 주십시오."

언더우드 선교사는 이 제안을 한마디로 거절했다. 정부에서 세우는 학교에서는 선교를 할 수 없기 때문이었다. '나는 선교를 위해 학교를 세우는 일을 할 뿐이다.'

사실 학교 설립에 많은 어려움을 겪고 있던 터라 조건 좋은 학교를 운영하는 것은 언더우드에게도 득이 될 일이었다. 하지만 선교할 수 없는 학교는 그에게 아무 소용이 없었다.

언더우드는 자신의 학당을 운영하는 일에 더욱 열중했다.

'조선 학생들은 똑똑하다. 그들은 성경이나 교리문답을 잘 알고 있다. 게다가 그들의 집은 가까운 곳에 있어 쉽게 오갈 수 있다. 그들이 은혜 받은 이야기를 이웃과 나눈다면 같은 조선 사람이라 더 실감 날 것이다. 그래! 그 실감 나는 이야기에서 교육 효과, 선교 효과가 높아질 것이다.'

언더우드는 학당을 졸업한 인재들을 교사로 세우기 시작했다. 고아들을 하나둘 데려와 시작한 언더우드 학당은 구세학당으로도 불렸으며 예수교 학당(1890~1893), 민노아 학당(1893~1897), 중학교(1901~1902), 예수교 중학교(1902~1905), 경신학교(1905~1945), 경신중학교(1945~1950), 경신

중·고등학교(1950~현재)로 이어지면서 그리스도의 복음과 신학문의 학교로 발전해 갔다.

언더우드의 학교들은 우리 민족이 겪어 온 파란만장한 고단함 속에서도 민족사를 짊어지고 이루어 낸 언더우드의 땀과 눈물이 서린 학교이다. *안창호는 1894년 민노아 학당의 학생으로 들어와 학당이 문을 닫기까지 3년 동안 학당에 다녔다. 그는 문학과 음악에 조예가 깊은 학당장 민노아(밀러 선교사)의 가르침을 전수받았으며, 조리 있는 웅변과 문필로 인해 후에 우리나라 독립운동의 큰 거목이 되었다.

양반들을 위한 전도

어느 날이었다. 왕비인 명성황후의 부탁이 언더우드에게 전해졌다.

"선교사님, 양반 자제들에게도 새로운 학문을 가르쳐 주십시오."

언더우드가 새 학문을 천민과 일반 백성의 아이들에게만 가르치는 걸 알고, 조정에서는 양반 아이들에게도 같은 교육을 받게 하고 싶어 했다.

"학교 설립과 운영에 드는 돈은 나라에서 다 대겠습니다."

왕비의 부탁을 받은 언더우드는 가장 전도하기 힘든 양반들에게 선교할 기회가 생겨서 무척이나 기뻤다. 하지만 그 일은 결국 이루어지지 못했다. 왕비가 일본 사람들에게 비참한 죽음을 당하고 말았기 때문이다. 그 비극적 사건이 바로 을미사변이다.

언더우드는 왕비의 서거로 양반들을 전도하는 일을 잠시 접었다. 하지만 힘없고 불쌍한 조선 백성들을 속히 하나님 앞에 오게 해야 한다는 그의 선교 목표는 더 강하게 불타올랐다.

언더우드 선교사는 초등교육에도 힘썼다.

'신앙을 가진 선생님들이 학생을 가르치는 것만큼 확실한 전도는 없을 것이다.'

언더우드는 학당 일에 열심을 다하며 교회 구역마다 초등학교를 세웠다. 언더우드의 노력으로 세워진 학교는 겨자씨 같은 작은 시작이었지만, 시간이 가면서 점점 커다란 나무처럼 성장해 갔다.

언더우드를 비롯하여 그와 비슷한 때에 활동한 다른 외국 선교사들도 학교를 세우기 시작했다. 그래서 1902년에는 장로교선교회에 속한 학교가 63개, 학생이 천여 명 생겨났고, 1909년에는 학교가 589개, 학생이 이만 이천 명에 이르렀다.

언더우드는 교육 선교를 위해 힘썼지만 앞으로 한국을 복음화하기 위해선 좀 더 적극적인 선교가 필요하다고 생각했다.

'그래! 이젠 신학교를 세울 때가 된 거야.'

언더우드는 전에 자신과 뜻을 같이하던 헐버트 목사에게 언젠가 꼭 한국에 대학교와 신학교를 설립하겠다는 희망을 털어놓은 적이 있었다. 그는 자신의 말처럼 학당에 신학반을 개설해서 앞으로 한국 선교의 지도자가 될 인재들을 가르치기 시작했다. 그리고 평양에 세워진 장로회신학교에까지 가서 강의를 했다. 교통이 발달하지 않은 당시에는 평양에 가는 일이 쉽지 않았다. 하지만 한 번도 거르지 않고 평양으로 가서 7~8시간씩 열정적인 강의를 했다. 평양장로회신학대학의 첫 졸업생으로는 *길선주, *서경조, *이기풍 같은 유명한 목사들이 나오게 되었다. 이들은 최초의 한국 장로교 목사가 되었다.

- **육영공원** 우리나라 신교육을 위해 미국이 지원하여 만든 최초의 관립 근대학교. 근대 학문을 가르치던 학교로서 정부의 관리나 양반 자제들로 구성되었다. 교과목은 근대교육의 전반적인 학문을 다루었지만 주 과목은 영어였다. 교수들은 모두 외국인이었다. 미국에서 첫 교사로 파견한 이가 헐버트 선교사이다. 그는 한국의 독립운동을 위해 헌신하였고, 헤이그 만국평화회의에서 이준 열사를 도와 제4의 열사로 불리며 한국 역사, 민속 연구를 개척하였다. 개교 8년 만에 재정난으로 문을 닫았다.
- **안창호** 우리나라의 대표적 독립운동가. 조선 말기에 애국 계몽 활동을 했으며, 도덕적 실력 양성과 교육에 중점을 두고 독립운동에 일생을 바쳤다. 가난한 농부의 아들로 태어나 17세가 되던 해 서울로 와서 언더우드가 세운 구세학당에 입학하여 그리스도교 교육을 받으면서 서구 문물을 접하게 되었다. 신민회를 조직하고 흥사단을 결성했다.
- **길선주** 한국장로교회 최초 7명의 목사 가운데 한 사람이며 독립 운동가로 33인 중 한 분이다. 1907년 1월 6일 평양 장대현교회에서 사경회를 위한 기도회를 인도하던 중 15일 밤 마지막 철야기도회에서, 친구가 죽으면서 부인에게 전해달라고 남긴 돈을 전하지 않고 쓴 죄를 회개하며, 전 교인의 회개를 촉발시켰다. 이것이 평양대부흥의 시작점이 되었다.
- **서경조** 한국장로교회 최초 7명의 목사 가운데 한 사람이며 서상륜 장로의 동생이다. 형 상륜과 함께 한국 최초의 교회(소래교회)를 건립했고, 언더우드가 세운 새문안교회에서 동사목사(부목사)로 지냈다. 목사를 사임한 뒤에는 둘째 아들 서병호와 함께 상해로 망명해 독립운동의 길을 걸었다.
- **이기풍** 한국장로교회 최초 7명의 목사 가운데 한 사람이다. 길거리 전도를 하던 마펫 선교사에게 돌을 던져 다치게 했다가 후에 회개하고 기독교 신자가 되었다. 전국을 다니며 복음 전도에 힘썼고 제주도에 가서 선교 활동을 했다. 일본의 신사참배에 끝까지 굴하지 않았으며 그 상처로 인해 순교했다.

8.

이 땅에 새문안교회를

정동 집에서 드린 작은 예배

언더우드 선교사는 서울에 온 지 석 달 뒤, 늦은 가을 어느 날 자신의 정동 집에서 주일예배를 드렸다. 창밖은 벌써 어둠이 깔리기 시작했다.
"오늘은 성찬예식을 갖겠습니다."
언더우드 선교사의 목소리는 다른 날과 사뭇 달랐다.
"우리 죄를 대신 감당하셔서 십자가에 죽으신 예수님! 우리는 오늘 그 피와 살을 기념하는 예식을 갖습니다."
언더우드의 목소리가 살짝 떨렸다.
'아, 이런 순간이 오다니! 너무나 놀라운 하나님의 은혜다!'
언더우드는 문득 조선에 처음 와서 애타게 기도하던 때를 다시 떠올렸다.

"예수께서 떡을 가지사 축복하시고 떼어 제자들에게 주시며 이르시되 받아서 먹으라 이것은 내 몸이니라 하시고…."

언더우드의 손길에 미세한 떨림이 있었다. 성찬을 대하는 신도들의 손끝도 파르르 떨렸다.

'하나님! 이제 조선의 신도들과 함께 성찬예배를 드리게 되었습니다.'

언더우드의 가슴은 벅차올랐다.

"또 잔을 가지사 감사 기도 하시고 그들에게 주시며 이르시되 너희가 다 이것을 마시라 이것은 죄 사함을 얻게 하려고 많은 사람을 위하여 흘리는 바 나의 피 곧 언약의 피니라."

1880년대 언더우드 선교사의 정동 집

언더우드는 감격에 겨워 눈가가 촉촉해졌다. 함께 성찬에 임하는 신도들 눈에도 눈물이 맺혔다.

'아, 이 땅에서 예배를 드리고 첫 성찬예식을 가지게 되었구나.'

언더우드의 감회는 남달랐다. 언더우드는 지난 몇 달 동안 특별했던 일들을 떠올렸다.

한국 최초의 세례 교인

어느 날, 노춘경이라는 사람이 찾아왔다.

"선교사님, 저에게 세례를 베풀어 주십시오."

그의 당돌하고 저돌적인 부탁에 언더우드는 가슴이 덜컥 내려앉았다.

노춘경은 언더우드를 만나기 전에 이미 알렌을 찾아가 마가복음, 누가복음 한문 번역본을 빌렸다. 그때 알렌은 "형제여, 만일 그 성경책을 읽는 것이 발각되면 목이 달아날 것이오." 하고 주의를 주었다. 그는 그래도 좋다며 난생 처음 보는 성경과 기독교 서적을 품에 안고 돌아갔다. 그는 성경을 통해 하나님의 세계와 진리를 깨닫게 되었다. 노춘경은 언더우드와 아펜젤러 선교사를 부지런히 찾아왔다. 그는 기독교 신앙에 대해 알고 싶은 것이 너무 많다면서 이것저것 물었다. 그러더니 "선교사님이 드리는 주일 예배에 참석하게 해주십시오." 하고 말했다.

"선교사님, 저는 오직 기독교를 잘 알기 원합니다. 기독교 책이나 물건을 더 보고 싶습니다. 그리고 영어도 더 배우고 싶습니다."

그는 매우 적극적으로 언더우드를 찾아와 기독교 서적을 여러 권 빌려갔다. 노춘경의 간절한 부탁을 받은 언더우드는 자신이 할 수 있는 한 모든 도움을 주려고 했다. 그런 그가 언더우드 선교사에게 세례를 받고 싶다고 자신의 결심을 말한 것이다. 언더우드 선교사는 반가웠지만 한편으론 신중하게 일을 처리해야 했다.

언더우드에게 세례를 받아 한국의 첫 세례 교인이 된 노춘경. 1886

"지금 나라에서 금지하는 기독교인이

되는 건 쉬운 일이 아닙니다. 더욱이 세례까지 받고 주님 앞에 신앙을 고백하며 주님의 사람으로 산다는 건 이 나라의 법을 어기는 것이 됩니다. 그에 따른 많은 어려움이 닥칠 것은 분명하고요. 가족과도 이야기가 되었습니까? 또 어떠한 위험이 와도 신앙을 버리지 않고 주님을 따를 결심이 서 있는 것입니까?"

노춘경을 그럴 수 있다고 했다. 그의 굳은 결심은 누구도 말릴 수 없었다. 언더우드 선교사는 주일날 노춘경에게 세례를 베풀었다. 이로써 노춘경은 한국 사람 최초의 세례 교인이 되었다.

새문안교회의 시작

언더우드 선교사가 한국 땅에 온 지 2년 반이 되던 1887년 9월 27일.
언더우드는 정동에 있는 자신의 집 사랑방에 조선인 신자들과 교회 창립예배를 드렸다. 엄숙한 분위기 속에서도 유난히 희고 단정한 두루마기를 입은 14명 신자들의 얼굴에는 말할 수 없는 기쁨이 가득했다.

"지난 주, 두 분의 장로님이 임직을 했기에 이제 우리 교회는 장로교회로서의 조직을 갖추었습니다. 우리 교회는 이 땅의 첫 교회가 되었습니다."

언더우드 목사의 떨리는 목소리가 다소곳이 서 있는 교인들의 어깨 위에 살포시 떨어졌다. 예배는 감격 속에 진행되었다. 14명의 교인들은 그지없는 감사함으로 예배를 드렸다. 새문안교회는 이렇게 시작되었다.

새문안교회 창립예배에 참석한 14명의 대부분은 언더우드 선교사가 우리나라에 들어오기 전 이미 만주의 *로스 목사로부터 세례를 받은 *서상륜과 그의 전도로 기독교 신자가 된 사람들이었다. 그들은 서울에 외국 선교사가 있다는 말을 듣고 황해도 장연의 소래란 곳에서 언더우드를 찾아왔다. 그들은 언더우드에게 세례를 받게 해달라고 했다. 하지만 세례를 받고 예수님을 '주'라고 고백하면 목숨이 위태로운 시절이었기에 언더우드와 다른 선교사들은 그들의 안전을 걱정했다.

"저희들은 죽을 각오를 하고 있으니 걱정 마십시오."

그들은 이미 소래에서 예배 처소를 만들어 은밀하게 예배를 드리고 있었다. 언더우드는 그들의 믿음을 보고 큰 결심을 했다. 언더우드와 함께한 선교사들이 조심스럽게, 그러나 엄숙하게 그들에게 세례를 주었다. 이렇게 하여 새문안교회는 언더우드 선교사와 서상륜 등 당시 조선 신자들과의 공동 노력으로 세워졌다. 이로써 새문안교회는 한국 사람들이 스스로 전도하고 스스로 신앙을 고백한 한국인 신자의 첫 교회가 된 것이다. 이날 새문안교회는 장로로 뽑힌 두 명과 신자들로 구성된, 한국 최초의 조직교회로 출발하게 되었다.

새문안교회는 처음에 정동교회로 불렸다. 언더우드의 집이 정동에 있었던 까닭이다. 이후 정동 집에서 큰 길가로 이사하면서 '새문안교회'로 바뀌게 되었다. 새문안교회에서는 그해 크리스마스 예배 시간에 한국 개신교 역사상 처음으로 성찬식이 거행되었다. 새문안교회는 창립 후 1년 만에 교인 수가 50명으로 늘었고, 그중 11명이 세례를 받는 등

급성장했다. 새문안교회 초대 담임목사가 된 언더우드는 미국의 선교부에 다음과 같이 편지를 썼다.

> 저는 주님이 새문안 교인들과 함께하심이 분명한 그런 날을 보내고 있습니다.
> 우리 예배당은 차고 넘칩니다. 그래서 한 발자국도 내디딜 틈이 없습니다. 오십 명이 넘는 이들은 심령과 영혼에 가로질러 흐르는 감격과 진실로 다 함께 소리 높여 즐거이 주를 찬양하고 있습니다.

한 발자국도 내디딜 틈이 없다는 것은 새문안교회가 언더우드의 가정집 사랑채를 사용했기 때문이다. 그만큼 사람들이 차고 넘쳤다.

언더우드는 새문안교회에서 사경회를 시작했다.

"성경 말씀이 너무 재밌어요."

새문안교회의 첫 예배당, 1887

"놀라워요! 이 생명의 말씀이! 마음이 뜨거워져요."

"눈물이 나는 걸 참을 수 없어요."

"저는 말씀에 푹 빠졌어요."

"성경 말씀을 당장 나가서 전하고 싶어요."

사경회는 뜨거워졌고 수많은 새문안교회 성도들의 신앙 고백이 이어졌다. 새문안교회 사경회에 참석했던 전국에서 모인 장로교 지도자들은 사경회에서 큰 은혜를 받고 각각의 지방으로 가서 그 지방 사경회를 열었다. 사경회는 전국으로 불꽃처럼 번져 나갔다. 마치 오순절 성령의 바람이 불기라도 하듯 사경회를 통해 한국 교회가 급속히 성장하고 확장되는 부흥의 역사가 일어났다.

새문안교회는 두 해가 지나 주일학교를 시작했다. 한국의 첫 주일학교 학생은 43명이었다. 교인 수는 날로 늘어 창립 3년 뒤에는 신자 수가 263명으로 늘었고, 해가 갈수록 신자의 수는 더욱 불어났다.

- **로스** 영국 스코틀랜드 출신으로 중국 만주 지역을 중심으로 선교 활동을 한 선교사이다. 한국 선교에 관심이 많았으며 서상륜 같은 조선 청년을 만나 조선으로 성경을 보급하는 등 한국 선교에 적지 않은 영향을 주었다. 최초의 한글 성경 『예슈셩교젼셔』를 1887년에 번역하였다.
- **서상륜** 한국 기독교의 평신도 지도자로 한국 선교 초기에 큰 업적을 남겼다. 그는 젊은 날 중국에서 로스 목사를 만나 기독교인이 되었고, 로스 목사와 한국어 성경 번역과 출판을 하며 성경을 전파했다. 새문안교회가 세워질 때 함께했으며, 전국을 다니며 복음 전도에 힘써 영국성서공회로부터 조선 최초의 권서(勸書, 성경 판매자)로 임명되었다.

9.

한국어 속으로 뛰어들다

완벽한 한국어 익히기

　언더우드는 조선 선교에서 가장 먼저 해결해야 할 일 중에 하나가 한국말을 잘 이해하는 것이라고 생각했다. 한국말을 잘 해야 한국 사람과 원활한 소통을 할 수 있으며, 한글을 잘 알아야 한글 성경이나 복음을 설명한 책을 만들 수 있기 때문이다.
　그래서 언더우드는 조선에 들어오면서부터 한국말을 익히고 연구하는 데 많은 시간을 보냈다. 사실 언더우드의 한국어를 위한 노력은 이후에도 평생 이어졌다.
　외국인이 한국어를 배우는 일은 매우 힘든 일이다. 한국어는 서양 언어의 규칙과는 많이 다르다. 더구나 단수와 복수의 구별이나 남성과 여성의 구별이 분명하지 않고 동사의 활용이 아주 다양하다. 존칭어가 복잡하고 한자어에서 나온 말들이 너무나 많다. 물론 한글은 표현하지 못하는 말이 없을 정도로 우수하다. 그러나 그런 것이 외국 사람들에게는 매우 복잡하고 다양하여 상당한 어려움을 준다.

언더우드는 한국 사람도 하기 힘든 한국어에 도전장을 내밀었다. 그 많은 말과 어휘, 방언과 상황에 따라 무수히 변하는 한국어를 정리해 보겠다는 언더우드를 보고, 사람들은 고개를 저으며 말렸다. 하지만 언더우드의 생각은 달랐다.

언더우드는 한글로 복음을 전하기 위해선 한글을 한국 사람 만큼 알아야 한다고 생각했다. 그것이 설령 거의 불가능한 일이라도 언더우드는 해야만 했다. 바로 하나님의 복음을 전하는 길에는 '불가능은 없기' 때문이었다.

언더우드는 한국 사람이 사용하는 말을 모아 차근차근 정리해 나갔다.

"아니, 선교사님, 다시 한번 생각해 보세요. 한국어가 얼마나 복잡합니까?"

"그렇습니다. 나라는 작아도 지방마다 독특한 사투리들이 많아 그걸 다 안다는 건 불가능합니다."

주위에서 걱정 반 우려 반으로 하는 말을 언더우드는 눈을 지그시 감고 묵묵히 들었다.

"선교사님, 한국어에는 중국 한자에서 온 말들이 많아 한자까지도 알아야 하는데 그 일이 보통 일인 줄 아십니까?"

"그 방대한 작업을 하시다가는 선교사님의 건강이 나빠질 수도 있습니다."

언더우드는 그들의 말을 들으며 깊은 생각에 잠겼다. 언더우드는 속으로 그들에게 대답했다.

'그렇습니다. 다 옳은 말씀입니다. 하지만 어쩌겠습니까? 조선의 선교는 한국어가 바로 세워져야 이룰 수 있는 것이 아닙니까? 하나님께서 이 땅에 복음을 전하라고 나를 보내셨으니 보낸 뜻 가운데에는 이런 일도 있는 게 아니겠습니까? 나는 주님의 복음을 들고 선교하러 온 사람입니다. 어떤 어려움이 있어도 헤쳐 나갈 것입니다.'

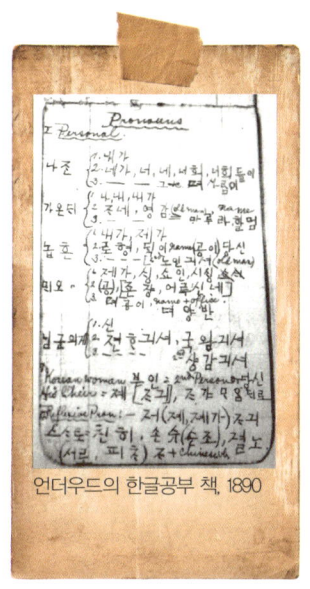
언더우드의 한글공부 책, 1890

언더우드는 당당하게 그 어려운 작업에 뛰어들었다. 선교를 위해선 결코 뜻을 굽히지 않는 언더우드만의 투철한 정신이었다.

한국어 문법책을 펴내기까지

언더우드는 긴 시간을 들여 모은 말 하나하나를 문법의 규칙에 바르게 이루어졌는지 조사했다. 그다음에 한글에서 표현된 말이 영어에서는 어떤 말로 표현되는지를 조사했다. 전혀 언어 정보가 없던 미지의 나라말을 찾아 조사하고 정리하는 일은 마치 사막에서 금싸라기 하나

씩을 주워 담는 일과 다름없었다.

"누구든 날 찾으면 없다고 하세요."

언더우드는 어떤 때는 거의 두 달 동안 사람들을 만나지 않고 한강이 보이는 서재에서 혼자만의 시간을 보내기도 했다. 물론 몸살이 나는 일이 한두 번이 아니었다.

"아, 힘들다. 몸도 정신도 이젠 지쳐 가는구나. 눈도 침침해지고."

피곤에 지친 언더우드는 서서히 무너져 가고 있었다.

'아니야. 이 일이 결코 무모한 일이 아니라는 걸 내가 보여 줘야 해. 내가 먼저 정확한 한국어를 알아야 조선 사람들에게 올바로 번역된 성경을 만들어 줄 수 있어.'

이런 다짐이 쓰러지려는 언더우드를 몇 번이나 일으켜 세웠다.

"하나님! 힘을 주십시오. 권능의 손으로 저를 붙잡아 주시길 원합니다."

이런 과정을 거쳐 언더우드는 한국 사람도 엄두를 내지 못할 한국어 문법책을 발간했다. 그리고 이어 한국어의 뜻과 같은 영어를 모은 한영사전을 만들고, 영어의 뜻과 같은 한국어를 모은 영한사전을 차례로 펴냈다. 전문가들도 한 권의 언어 사전을 내기 쉽지 않은데, 언더우드는 몇 년에 걸쳐 여러 종류의 한국어 관련 책을 펴냈다. 정말 엄청난 노력과 끈질긴 인내를 보인 초인적인 언더우드였다.

언더우드가 3년 이상의 시간을 보내며 발간한 책은 『한영문법』과

언더우드가 편찬한 『한영문법』

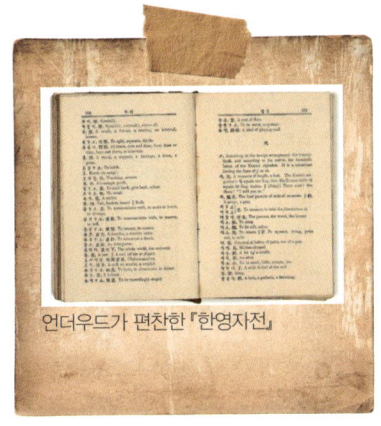
언더우드가 편찬한 『한영자전』

『한영자전』이라는 두 권의 책이다. 언더우드가 사전을 펴낼 때 송순용이라는 한국어 선생으로부터 많은 도움을 받았다. *게일 선교사와 교사인 *헐버트도 언더우드의 한글사전이 나오기까지 함께 힘쓴 사람들이다.

"아, 하나님! 감사합니다. 조선에 이렇게 뛰어난 한글이 있음을 감사합니다. 또한 저에게 능력을 주시니 감사합니다."

언더우드는 피곤하고 지친 몸을 돌볼 겨를도 없었지만 감사의 말만이 입에서 쏟아져 나왔다. 언더우드는 그 후에도 한글에 관한 책과 기독교에 관련된 많은 책을 한글로 번역했다.

언더우드가 펴낸 사전과 문법책은 한국에 오는 외국 선교사는 말할 것도 없고, 다른 일로 한국을 찾는 외국 사람들까지 즐겨 이용하는 책이 되었다. 언더우드의 문법책과 사전들은 한국의 학자나 한글을 연구하는 한국 사람에게도 좋은 길잡이가 되었다. 한국 학자 못지않게 한글을 연구하고 사용한 언더우드는 우리나라 한글 발전에 중요한 역할을 한 인물로 남았다.

　언더우드의 한글 사랑은 언더우드 가문의 사업으로 이어져, 언더우드 후손들은 3대에 걸쳐 영한사전을 편찬하는 일을 하게 되었다.

- **게일** 캐나다 YMCA에서 한국에 파송된 선교사이다. 한국 문화에 대한 이해가 깊었으며 저서 활동도 활발히 했다. 언더우드와 최초의 한영사전을 만들고 한국 최초로 '천로역정'을 번역했다.
- **헐버트** 미국의 초등학교 교사로서 육영공원에서 외국어를 가르쳤고, 1890년 우리나라 최초의 순 한글 교과서인 '사민필지'(士民必知)를 출간했으며 입으로 전해 오던 아리랑을 우리나라 최초로 채보하여 발표했다. 1907년 고종에게 네덜란드에서 열리는 만국평화회의에 밀사를 보내도록 건의하고, 한국 대표단보다 먼저 헤이그에 도착해 대표단의 호소문을 싣게 하는 등 국권 회복 운동에 적극적으로 힘썼다.

10.

한국어 성경 편찬

성경 번역을 시작하다

'조선 사람들에게 성경을 속히 읽을 수 있게 해야 한다.'

언더우드 선교사는 성경을 한글로 번역하는 일을 그 무엇보다도 우선했다.

'말씀을 봐야 주님을 만나고 말씀을 봐야 믿음이 생긴다.'

'조선 사람에겐 한국어 성경이 절대 필요하다. 그것도 빠를수록 좋다.'

언더우드는 초조하리만큼 한국어 성경을 번역하고 출판하는 일을 서둘렀다.

조선 선교 초기의 선교사 대부분은 조선에 오기 전에 나름대로 성경을 한국어로 번역하는 일을 하다 온 경우가 많았다. 번역된 성경을 은밀히 조선 사람들 손에 먼저 조선에 들어오게 한 경우도 있었다. 선교

도쿄3회 일본기독교대회.
흰 두루마기 입은 사람이 이수정

지의 언어로 된 성경을 가지고 선교하는 일이 선교의 승패를 판가름한다고 믿었기 때문이다.

 언더우드도 조선에 오기 전 일본에서 만난 이수정으로부터 그가 번역한 마가복음을 가지고 들어왔다. 그러나 그는 이수정이 번역한 마가복음을 다시 번역하기로 했다. 한글을 연구한 그가 보았을 때 이수정의 마가복음은 사투리나 어려운 한자가 많았고, 잘못 번역된 내용들도 있었기 때문이다.

 언더우드는 아펜젤러와 함께 성경 번역 작업에 돌입했다. 일본으로 되돌아갔다가 1년 만에 다시 조선에 온 아펜젤러와는 여러 면에서 뜻이 잘 통했다.

 두 선교사는 이수정 마가복음의 결점을 많이 보완하여 임시 번역한 마가복음 성경책을 내 놓았다. 임시 마가복음이란, 성경을 조선 실정에 맞도록 보완하고 개선하여 온전히 바르게 번역된 마가복음을 만들어 내겠다는 뜻이 담겨 있었다.

 사실 당시 모든 외국 선교사들은 성경 번역을 위해 많은 힘을 기울이고 있었다. 이러한 뜻이 서로 합쳐져 초교파적인 성서번역자위원회가 조직되었다.

성서번역자위원회는 언더우드, 아펜젤러, *레이놀즈, *스크랜턴, 해론(해론의 사망으로 게일 선교사가 임명) 등이 위원으로 선정되었다. 성서번역자위원회는 성서의 한국어 번역과 감수를 위한 위원회였다.

성서번역위원회 위원들과 언더우드 목사(앞줄 가운데), 1897

"이제 저는 시편과 누가복음의 번역을 마쳤습니다."

언더우드는 얼굴에 함박웃음을 지으며 말했다. 한국어 성경을 위해 갖은 고생을 하며 피곤에 절은 얼굴과는 딴판이었다.

"목사님, 정말 수고 많으셨습니다."

"이젠 좀 쉬면서 하세요."

성서번역위원들이 축하의 말을 보내며 언더우드의 건강을 걱정했다.

"저만 고생했나요? 우리 위원들 모두 똑같이 수고하셨지요."

언더우드는 겸손하게 말했다.

"자, 우리 모두 수고했으니 서로에게 축하를 합시다. 하하하."

아펜젤러도 너털웃음을 지으며 말했다.

"하하하, 하하하, 축하합니다. 축하합니다."

성서번역위원들은 웃음꽃을 피우며 서로의 수고를 위해 박수를 쳤다.

"아, 그리고 보니 어느새 우리가 번역한 성경이 참 많아졌어요."

"그렇습니다. 사도행전, 갈라디아서, 에베소서, 고린도전후서, 요한 1서, 로마서, 야고보서, 창세기, 출애굽기, 시편을 번역했으니까요."

성서번역위원들은 다시 한번 즐겁게 웃으며 서로 악수를 나누고 등을 다독이며 격려했다.

"우린 빠른 시간 내에 신약성경 전부를 번역하여 내놓아야 합니다."

"그렇습니다. 여기서 멈출 순 없지요."

"구약도 기다리고 있습니다."

성서번역위원들은 쉴 새 없이 다시 성경 번역에 들어갔다. 감리교 아펜젤러 선교사는 당시의 사항을 보고서에 이렇게 썼다.

나는 장로교 언더우드 형제와 신약성경을 번역하는 데 많은 시간을 보냈습니다.

하지만 조선 사람들이 읽어야 할 성경은 턱없이 부족했습니다.

때문에 가능한 한 번역을 서둘러야 할 필요가 있습니다.

아펜젤러 선교사의 갑작스런 죽음

신약성경의 번역이 거의 마무리되어 가자 곧바로 구약성경의 번역에 들어갔다. 신약에 이어 구약의 번역을 위해 성서번역위원들은 밤낮을 가리지 않고 일했다.

그러던 어느 날이었다.

"목사님! 목사님!"

한 직원의 다급한 목소리가 들렸다. 언더우드가 깜짝 놀라 돌아보자 직원의 얼굴 표정이 심상치 않았다. 안 좋은 일이 생겼다는 걸 직감했다.

"아, 아펜젤러 목사님이, 목사님이…."

언더우드 앞까지 다가온 직원이 울먹이며 말을 더 잇지 못했다.

"목사님이 어찌 됐단 말입니까?"

언더우드는 두 눈이 휘둥그레지며 직원의 팔을 붙잡았다. 직원은 몇 번인가 마른 침을 삼키더니 입을 열었다.

"아펜젤러 목사님이 돌아가셨습니다."

"뭐라고요? 아니, 엊그제까지도 성경 번역 일을 하느라 나와 붙어 있다시피 했는데, 그분이 돌아가셨다고요?"

언더우드는 직원의 어깨를 흔들며 소리쳤다. 고개 숙인 직원은 말이 없었다. 그제야 언더우드는 실감하며 말문이 막히고 말았다.

"아, 목사님, 어찌 이런 일이…. 흑흑."

언더우드는 순간 눈앞이 캄캄해졌다. 성경을 번역하여 조선 사람들에게 복음을 속히 알게 하겠다는 목표를 달성하기 위해 얼마나 달려왔던가! 그 중심에 있던 아펜젤러 선교사님이 이렇게 허망하게 돌아가시다니! 참으로 그 사실이 믿어지지 않았다.

아펜젤러는 구약성경 번역을 위한 모임에 가기 위해 목포로 가는 배를 탔다. 그 배가 군산 부근 바다에서 일본 상선과 부딪히며 침몰했다.

아펜젤러는 가까스로 물 밖으로 나왔지만 같이 간 조선인을 구하려고 다시 선실에 들어갔다가 끝내 나오지 못했다.

한동안 성서번역자위원회는 충격과 비통함에 빠졌다. 그러나 성경 번역 일을 마냥 미룰 순 없었다. 성서번역자위원회는 아펜젤러의 별세로 조직을 재편했다. 언더우드가 대표위원이 되어 번역 일의 책임을 맡게 되었다.

조선에서 선교사들이 성경 번역의 일을 시작한 지 10여 년 만에 한국어 신약성경이 태어났다. 1900년의 일이었다. 신약성경의 탄생은 언더우드와 아펜젤러가 중심이 된 성서번역자위원회의 헌신적인 노력의 결과였다. 그리고 다시 10년 뒤인 1910년, 한국어 구약성경이 완성되었다. 이 일을 함께한 게일 목사는 다음과 같이 말했다.

"한국어로 구약성경을 완성한 것은 미국의 60층짜리 빌딩을 짓는 것보다 더 거대하고 엄청난 작업이었다."

언더우드는 번역된 성경을 머뭇거릴 새 없이 곧바로 출판하여 세상에 내놓았다. 조선 백성들이 성경을 통해 하나님을 알고 하나님 앞으로 나아오는 것이 무엇보다 시급했기 때문이다. 일본의 침략으로 당시 조선은 망국에 이르렀지만 이때 조선 사람에게 소망과 믿음, 예수님의 사랑과 위로를 주는 성경은 그야말로 '구원의 복음'이었다. 그리고 조선 사람의 손에 들려진 그 성경 속에는 성서번역위원들의 땀과 눈물도 고스란히 서려 있었다.

언더우드는 초대 성서번역자위원회 위원장을 맡은 후 세상을 떠날 때까지 위원장으로서의 책임을 다했다. 그 외에도 기독교와 관련된 많은 책들을 번역, 출판하여 조선 사람들이 기독교 교리를 폭넓게 알게 했다.

- **레이놀즈** 미국 남감리교 소속 선교사로 조선에 와서는 장로교선교부공의회 초대 회장을 시작으로 장로교공의회와 조선예수교장로교노회, 그리고 1912년 조선예수교 장로회 총회 설립에 이르기까지 한국 장로교 치리회 구성 작업에 참여했다. 또한 한국장로교회 신앙고백서를 작성하는 등 한국 장로교 발전에 크게 기여했다.
- **스크랜턴** 감리교 여성 선교사이며 이화학당을 세웠다. 언더우드가 조선에 온 그해 6월에 의사인 아들과 함께 조선에 왔다. 소외된 사람들을 주로 치료하는 병원 교회를 세웠는데 나중에 지금의 신세계백화점 옆의 상동교회가 되었다.

언더우드를 만나 변화된 한국의 인물들

안 창 호
가난한 농부의 아들에서 대한민국의 교육 지도자로

"여보시게, 젊은이!"

한 청년이 부지런히 정동길 언덕을 오르고 있을 때 그를 부르는 한 사람이 있었다.

"절 부르셨습니까?"

청년은 가던 길을 멈추고 돌아보다가 놀란 표정을 지었다. 낯선 외국 사람이 아닌가!

"어딜 그리 급하게 가십니까?"

"아, 지금 누굴 좀 만나야 해서요."

청년은 가까이 다가오는 사람을 쳐다보았다. 다가오던 사람도 청년의 얼굴을 유심히 살피더니 말을 이었다.

"죄송하지만 한 말씀 전해도 되겠습니까?"

"네, 말씀하십시오."

"나는 학당에서 나온 사람입니다. 학생들을 모집하고 있어요."

"아, 학당이라 하셨습니까?"

청년의 얼굴이 놀라움과 함께 환하게 밝아졌다.

"네, 저희 학당에서는 무료로 공부를 가르쳐 드립니다."

청년은 외국 사람 앞으로 성큼성큼 다가가더니 크게 허리를 굽혀 인사를 했다.

"제가 찾고 있던 곳이 바로 공부하는 곳입니다. 저를 학생으로 받아 주십시오."

"오, 잘됐네요. 정말 놀랍고 반가운 일입니다."

외국 사람도 뜻밖의 일이라 무척 기쁜 표정을 지으며 청년과 인사를 나누었다. 이 청년이 바로 도산 안창호이고, 외국인은 *밀러 선교사였다.

밀러 선교사와의 만남은 청년 안창호에게는 새로운 길로 들어서는 순간이었다. 안창호는 머뭇거릴 필요 없이 즉시 학당에 입학했다. 사실 안창호는 고향인 평안도 강서 지역에서 청일전쟁의 참담한 모습을 목격했다. 일본과 청나라가 조선 땅에서 싸운 것도 격분할 일이었지만, 일본군 앞에서 맥없이 쓰러진 청나라를 보자 충격에 휩싸였다. 그때까지 중국 청나라가 세상에서 가장 힘센 나라인 줄 알았기 때문이다. 안창호는 그 현장을 보며 힘 없는 나라의 백성이 얼마나 불행한지를 실감하게 되었다. 그리고 과연 국가가 힘을 갖는 것이 무엇인가에 대해 새롭게 눈뜨기 시작했다.

'세상을 알아야 한다. 밖으로 나가자. 더 큰 세상으로 나아가 무엇이 힘이고, 어떻게 해야 힘 있는 국가와 국민이 될 수 있는지를 찾아봐야 한다.'

안창호는 고향을 떠나 세상을 떠돌며 많은 생각을 했다. 그리고 발걸음을 서울로 향했고 그 길에 밀러 선교사를 만난 것이다.

학당에 들어서니 이십여 명 남짓한 학생들이 삼삼오오 짝을 지어 대화를 하거나 공부하는 모습이 보였다. 안창호는 곧 기숙사에 들어가 본격적인 학당 생활을 시작했다. 안창호는 새로운 학문을 배우면서 자신이 꿈꾸던 세계의 문으로 들어가는 것을 느끼며, 의욕을 가지고 공부에 열중했다.

언더우드 선교사는 민노아 학당을 가끔 돌아보며 밀러와 교육과정과 학당 운영에 대한 의견을 나누었는데, 어느 날 안창호에 대한 이야기가 나왔다.

"안창호라는 학생은 내가 보기에도 매우 똑똑한 학생 같습니다."

"그렇습니다, 언더우드 선교사님. 인성이며 의지며 사람 됨됨이가 정말 올바른 학생입니다."

언더우드는 안창호를 바라보며 흐뭇한 미소를 지었다.

"장차 한국의 유능한 지도자가 될 사람입니다."

"네, 선교사님. 그렇습니다. 하하."

언더우드와 같은 생각이었던 밀러 선교사도 밝게 웃었다.

그러던 어느 날이었다. 누군가 안창호에게 다가와 말을 걸었다.

"이 학당은 언더우드 선교사님이 세운 학당이오."

안창호보다 나이가 좀 들어 보이는 사람이었다. 안창호는 그를 향해 머리를 살짝 숙였다.

"난 *송순명이라고 해요. 반가워요."

"저는 안창호라고 합니다."

두 사람은 인사를 겸해 서로 손을 잡았다. 송순명은 안창호에게 여러 가지 이야기를 해 주었다. 두 사람은 서로에게 친근한 마음을 전하며 친해졌다.

"이 학당의 처음 이름은 언더우드 학당이었어요. 개교예배를 드리고 첫 학당장으로 언더우드 선교사님이 취임했지요. 그러다가 예수교학당으로 이름을 바꾸었어요. 그리고 다시 밀러 선교사님이 이 학당을 맡게 되면서 민노아 학당이 된 것입니다."

송순명은 안창호에게 언더우드 선교사가 조선에 오게 된 이야기를 들려주며, 예수님을 전했다.

"학생, 예수님을 마음속에 영접하세요. 언더우드 선교사님은 예수님 사랑을 이 한국에 전하러 가족과 고향을 떠나 오신 것입니다."

안창호는 언더우드 선교사의 이야기를 들으며 계속 감탄했다.

"이 학당 옆이 언더우드 선교사님 댁이에요. 선교사님은 고아를 비롯해서 조선의 아이들과 청소년들이 훌륭하게 공부할 수 있도록 모든 것을 준비해 놓았지요."

송순명의 전도와 밀러 선교사의 설득으로 안창호는 기독교 신자가 되었고, 입학한 지 10여 일 만에 주님 앞에 신앙을 고백하고 세례를 받았다.

안창호는 2년 동안 한글과 서양문물, 성경을 배운 후 졸업했다. 그리고 민노아 학당에서 조교로 6개월을 더 머물며 후배들을 가르쳤다.

"안창호 같은 인물은 정말 보기 드물어요. 내가 그를 잘 가르쳐서 이 땅의 지도자로서 부족함 없이 만들고 싶습니다."

밀러 선교사의 말에 언더우드 선교사도 깊이 동의했다. 밀러 선교사는 안창호를 무척 신뢰했다. 안창호는 독립협회에 가입하여 활발히 활동하고 있었다. 어느 날 밀러 선교사로부터 연락이 왔다.

"안 군, 속히 서울로 오세요. 안 군의 유학길이 열렸어요."

안창호는 유학을 떠나기 전날, 부모님이 정해 주신 약혼녀와 식을 올렸다. 결혼식 주례는 밀러 선교사가 맡아 주었다. 다음날이 되자 안창호는 미국 유학길에 올랐다.

'감사합니다. 밀러 목사님, 그리고 언더우드 목사님, 이 은혜를 잊지 않겠습니다. 제가 이 학당에 온 것은 주님의 뜻입니다. 이제 저는 예수님을 믿는 사람으로서 미국에서 열심히 공부하여 이 나라에 도움이 되는 사람이 되겠습니다.'

유학길에 오른 안창호는 부인의 손을 꼭 잡고 뱃전에서 굳게 결심했다.

이후 안창호는 샌프란시스코에서 애국계몽운동 단체인 공립협회를 만들어 활동했다. 또 대한인국민회를 만들어 미국에 있는 한국인이 일본에 속한 것을 거부하고 나라 잃은 한국인의 정부를 대신하는 역할도 했다. 그 밖에도 *신민회를 조직하여 독립운동에 나섰고, *흥사단을 조직하여 국민의 정신을 일깨우는 데 힘썼다.

이처럼 가난한 농부의 집안에서 태어나 할아버지 밑에서 성장하던 안창호는 언더우드와 밀러 선교사를 만나 미국에서 유학하고 새로운 세상 지식을 쌓으며 하나님을 섬기는 삶을 통해 한국의 위대한 인물이 되었다. 안창호는 신실한 신앙인이었으며, 오로지 한국의 독립을 위해 독립운동가이자 교육가이자 계몽가로 평생을 바쳤다.

- **밀러** 프레드릭 S. 밀러(민노아) 선교사는 1892년 11월 15일 부인 안나와 함께 미국 북장로회 선교사로 한국에 왔다. 1893년 서울에서 예수교학당(언더우드가 세움. 이후 경신학교로 바뀜)을 맡아 민노아 학당으로 고치고 자신의 교육 방침대로 발전시켰다. 안창호를 길러내는 등 기독교 교육에 힘썼다. 1895년 연동교회의 기초를 마련했으며, 청주 지역에서 오랫동안 선교 활동을 했다.
- **송순명** 1904년에 새문안교회 장로가 되었다. 송순명 장로의 장립으로 새문안교회는 최초의 당회를 가지게 되었다. 김규식과 함께 구세학당의 학생이었으며 안창호를 전도했다. 한국 장로교 발전에 크게 이바지했으며 신약성경을 통달하다시피 하여 송신약이라고도 불렸다.
- **신민회** 1907년 서울에서 조직된 비밀결사. 전국적인 규모로 국권을 회복하는 데 목적을 두었다. 안창호의 발기로 7인의 창건위원과 이승훈, 이시영, 이회영, 이상재, 윤치호, 김구, 신채호 등이 중심이 되어 활동했다.
- **흥사단** 1913년 안창호의 주도로 미국 샌프란시스코에서 결성됨. 흥사단은 8도를 대표하는 청년들을 포함한 25인의 발기인으로 발족했다. 무실, 역행, 충의, 용감의 4대 정신을 지도 이념으로 하여 일제강점기 국내외에 지부를 설립하고 민족의 실력양성운동에 힘썼다.

Horace Grant Underwood 1859-1916

3부

전국 방방곡곡 복음 전도 여행

11.

신혼여행, 그 머나먼 길

봄날의 결혼식

언더우드 선교사는 서른이 되던 해인 1889년 어느 따뜻한 봄날에 결혼식을 올렸다. 아리따운 신부의 이름은 릴리어스 호턴. 그녀는 미국 북장로회에서 조선으로 파견한 의료선교사였다.

호턴 선교사는 어릴 때부터 항상 성경을 읽고 기도를 올리며 어려운 사람들을 돕는 기관에서 일하길 좋아하던 여성이었다. 호턴이 고등학교에 다니던 어느 날, 자기 집 부근에 큰 불이 났다. 호턴은 그때 많은 사람들이 집을 잃고 고통스러워하는 모습을 보고 그들을 돕느라 학교도 제대로 가지 못했다. 그로 인해 호턴은 고등학교를 졸업하지 못했다. 호턴의 어머니는 호턴이 대학에 가는 것을 반대했기에 호턴은 혼자의 힘으로 공부할 수밖에 없었다. 결국 호턴은 시카고여자의과대학을 수료했다. 호턴이 병원 수련의로 있을 때 미국 북장로교 선교부에서 조선으로 가 줄 것을 부탁했고, 그녀는 그 부탁을 받아들여 의료선교사의 사명을 품고 조선에 왔다. 그리고 제중원 부인과의 책임자로 일하게 되었다. 호턴 선교사는 제중원에서 많은 조선 여성 환자들을 치료했다. 그러던 어느 날 궁궐에서 호턴 선교사를 불렀다.

"호턴 선생님, 우리 왕비마마를 돌보는 의사가 되어 주십시오."

호턴 선교사는 흔쾌히 승낙을 하고 고종의 왕비인 *민비의 전담 의사가 되었다. 자연히 호턴은 자주 조선 궁궐을 드나드는 인물이 되었다. 그녀는 후에 왕비를 곁에서 돌보면서 느낀 이야기를 다음과 같이 전했다.

처음엔 왕비마마가 아름답다고 느끼지 못했어요. 눈이 날카롭고, 사람의 마음을 꿰뚫어 보는 듯한 눈빛이었죠. 그런데 같이 지내다 보니 왕비는 생기발랄하고 소박한 데다가 재치가 넘쳤어요. 그리고 얼굴에 힘과 지성미가 갖추어져 있음을 알게 되었어요. 단순한 겉모습의 아름다움보다 훨씬 매력적인 왕비라는 걸 알게 되었답니다. 또한 왕비는 아주 수준이 높은 여자였어요. '정말 조선의 왕비답구나.' 하는 생각이 들었지요.

왕비도 호턴을 좋아하여 친근하게 대화도 나누고 때때로 선물을 보내기도 했다.

한편 선교 활동을 하며 자주 만나게 된 언더우드와 호턴은 어느새 사랑의 감정이 싹텄다. 서로의 사랑을 확인한 어느 날 언더우드가 청혼을 했다.

"호턴 선교사님, 새 봄이 오는 3월에 우리 결혼식을 올립시다."

언더우드가 말하자 호턴은 조용히 미소를 띠며 고개를 살며시 끄덕였다. 사실 언더우드는 미국에 있을 때 약혼한 여자가 있었다. 하지만 언더우드가 조선의 선교사로 떠난다고 하니 약혼녀는 같이 갈 수 없다고 하여 그 혼인은 깨지고 말았다. 그때만 해도 미국 사람들은 미지의 조선과 같은 오지에 선교사로 간다는 것은 목숨을 내걸고 가는 거나 다름없다고 생각했다.

언더우드는 호턴과 사귀면서 그런 자신의 과거를 다 이야기했다. 호턴은 충분히 이해하며, 자기도 그런 상황이라면 그럴 수 있을 거라고 말했다. 호턴은 자신이나 언더우드나 모두 하나님께 일생을 드리고자 한 선교사라는 것을 잘 알고 있었다. 조선이라는 외롭고 열악한 선교지에서 선교하면서, 두 사람은 서로에게 힘이 되어 주는 때가 많았다. 두 사람은 서로 마음을 주고받으며 사랑을 키웠고, 드디어 꽃을 피우게 되었다. 하나님의 일이라는 같은 목표를 가진 두 사람이 부부가 되어 일한다면 좋겠다는 생각을 하게 된 것이다.

"우리, 약속한 대로 신혼여행은 서북지방으로 떠납시다!"

언더우드가 말하자 호턴은 밝은 미소로 대답했다. 두 선교사는 조선의 선교를 위해 일생을 바치러 온 사람들이라 신혼여행도 의미 있게 보내고 싶었던 것이다. 사치스러운 여행이나 휴양의 의미로 가는 신혼여행은 그들에게 관심 밖의 일이었다. 그러니 말이 신혼여행이지, 사실은 조선의 서북지방(황해도, 평안도)을 돌면서 전도하는 선교 여행인 셈이었다.

"호턴 선생님이 결혼하신다고요?"

호턴의 결혼 소식을 들은 왕비는 무척 기뻐했다.

언더우드와 호턴의 결혼식에는 많은 사람들이 와서 축하해 주었다. 새문안교회 신자들과 외국인 선교사들, 그리고 조선 왕실의 최고위직에 있는 장군과 궁중의 나인(궁녀)까지 참석했다. 특히 왕비는 조정의 최고위관리로 있던 자신의 오라버니를 보내어 결혼을 축하해 주었다.

결혼식을 마치고 언더우드 부부가 신혼여행을 떠나려던 찰나, 어디선가 방울소리가 들렸다.

언더우드의 아내 호턴 선교사
(1851-1921)

"짤랑 짤랑! 짤랑 짤랑!"

"어머, 이건 무슨 소리예요?"

호턴은 마당을 내다보고는 깜짝 놀랐다. 조랑말들이 줄지어 신혼집 마당으로 들어오는 게 아닌가.

"중전마마께서 보내신 결혼 선물입니다."

뛰어나간 호턴을 향해 마부가 정중히 인사했다.

"어머나, 어찌 이런 일이…."

호턴은 조랑말의 등마다 가득 실린 선물을 보고 말을 잇지 못했다. 놀라움에 두 눈을 동그랗게 뜬 호턴은 감탄 소리만 연신 쏟아내었다. 왕비가 보낸 선물에는 신혼부부가 요긴하게 쓸 갖가지 물건과 당시의 돈 백만 냥이 실려 있었다.

"왕비마마, 고맙습니다."

호턴은 왕비가 있는 궁궐을 향해 허리를 숙여 고마움을 표했다.

서북지방을 향해 떠나다

언더우드 부부는 드디어 신혼여행 길에 올랐다. 어찌 보면 이 신혼여행은 대단히 위험한 여행이었다. 목숨까지 위태로울 수 있는 모험의 길이었던 것이다.

당시 조선은 외국에 대해 겨우 문호를 열기 시작한 때라 조선 사람들에게는 외국인이 신기한 존재로 여겨졌다. 그런데다 서북지방으로 가는 교통수단은 말과 가마뿐이고, 대부분 포장되지 않은 길이었다. 무엇보다 가장 위험한 것은 선교 활동을 하는 것이었다. 기독교 선교를 금지한다는 조선법이 시퍼렇게 살아 있는 상황에서 눈에도 금방 띄는 외국인 부부가 선교 활동을 한다는 것은 섶을 지고 불로 뛰어드는 것만큼 무모하기 짝이 없는 일이었다.

"언더우드 목사님, 제발 서북지방 여행은 말아 주십시오."

언더우드 선교사 부부의 여행을 허가한다는 내용의 관문, 1889

"그러십시오. 조선에 오신 지도 오래되고 그동안 많은 일을 하셨으니 이제 눈을 돌려 세계를 한번 둘러보는 여행을 가십시오."

외국 선교사들은 언더우드 부부의 신혼여행을 말리며, 좋은 곳에서 편히 쉬고 오길 간곡히 부탁했다. 하지만 언더우드 부부의 신혼여행 계획은 조금도 흔들리지 않았다.

드디어 많은 사람들의 우려와 만류에도 불구하고 언더우드 부부는 서북지방으로 신혼여행을 떠났다. 언더우드 부부는 개성, 송천(솔내), 평양, 강계, 의주, 압록강까지 나아갔고, 가는 곳마다 복음을 전하며 아픈 사람들을 치료했다.

어느 날, 언더우드 부부가 길을 잃은 적이 있었다. 어찌할 바를 모르고 망설이던 중에 한 농가가 보여 그 집에 들렀다. 그런데 언더우드 부부를 처음 보는 농부가 매우 친절하게 대해 주는 것이었다.

"어서 들어오셔서서 뭐라도 드시고 가세요."

조선 사람들은 외국인을 보면 적대감을 보일 거라고 했는데 예상 밖으로 친절을 보이는 사람들도 많았다. 그 농부 역시 그랬다.

언더우드 부부의 순회 전도를 겸한 신혼여행은 한편의 스릴 영화 같았다. 좋은 때도 있었지만 힘들고 난감한 일이 더 많았다. 가는 곳마다 사람들이 언더우드 부부를 보려고 구름처럼 모여들었다.

"저 외국인 부부 좀 봐. 거참 이상하게도 생겼어."

"얼굴이 너무 하얘. 코도 너무 높고. 다리는 또 왜 저렇게 길어?"

"사람이 맞아? 눈이 노란데? 머리털도 노랗고…."

몰려온 사람들 때문에 길이 막혀 그곳을 빠져 나가느라 힘든 적이 한두 번이 아니었다.

그러나 무엇보다도 언더우드 부부를 가장 힘들게 한 것은 열악한 잠자리였다. 온돌방은 따뜻했지만 빈대와 벼룩들이 마구 기어 나와 도저히 잠을 잘 수가 없었다. 언더우드 부부는 서양의 매트리스 대신에 볏짚을 두껍게 깔고 그 위에 일본식 매트를 깔고 누웠다. 고단한 여정이었지만, 쉽게 잠이 오지 않았다. 겨우 잠이 들려고 하면 문밖의 구경꾼들이 창문을 두드리며 소란스럽게 굴어 오던 잠도 달아나기 일쑤였다.

조선 사람들의 걷잡을 수 없는 호기심은 여기서 멈추지 않았다. 언더우드 부부는 가는 곳마다 구경꾼들을 몰고 다녔다. 때론 그 수가 너무 많아 신변의 위험까지 우려되었다. 실제로 강계라는 곳에서는 몰려드는 인파와 무작정 쳐들어오는 사람들로 인해 생명의 위협을 느껴 몸을 피하는 일도 있었다. 평양에 들어가기 위해 대동강을 건널 때는 모두 기진맥진하여 서 있기도 힘들었다. 강 건너편에 나룻배가 있어 사공을 큰 소리로 불러도 오질 않았다.

"여보시오! 강 좀 건넙시다!"

언더우드 일행은 부르다 부르다 지쳐 땅바닥에 털썩 주저앉았다. 소리칠 기운도, 일어날 기운도 없을 때가 돼서야 나룻배 사공이 느릿느릿 노를 저으며 다가왔다.

대동강을 겨우 넘은 언더우드 일행이 평양 성문 안에 들어서니, 수많은 사람이 구름처럼 모여들었다. 그들은 언더우드 일행을 졸졸 따라다니며 귀찮게 했다. 그들 중에는 낯선 외국인에 대한 경계심의 도가 지나쳐 언더우드 일행을 해코지하려는 사람들도 있었다. 점점 사태가 험악해져 갔다. 언더우드 일행은 급히 여인숙에 피신을 하려 했으나 여인숙 문은 굳게 닫혀 있었다. 알고 보니 마을 패거리들이 여인숙 주인들을 협박하여 모두 문을 열지 못하게 했던 것이다. 그날 밤 언더우드 부부는 하는 수 없이 길에서 밤을 지새웠다.

평안도 어느 산골 마을에서는 이런 일도 있었다.

"어서 빨리 그곳에서 나오세요."

마을 사람들이 질겁하면서 뛰어왔다.

"그곳은 대낮에도 호랑이가 나오는 곳입니다."

"뭐라고요? 호랑이라고요?"

아무것도 모른 채 산책을 나온 언더우드 부부는 호랑이가 나오는 계곡이라는 말에 혼비백산하여 달려 나왔다.

강계에서는 도적 떼를 만나 짐을 몽땅 빼앗기기도 했다. 게다가 수십 명의 도적 떼들에게 맞기까지 했다. 연락받은 순검과 군인들이 왔지만 날뛰는 도적 떼들을 제압하지 못했다. 나중에 언더우드 부부만 남았을 때였다. "와—!" 하는 함성이 들리면서 마을 사람들이 달려왔다. 마을 사람들의 손에는 농기구와 몽둥이가 들려 있었다. 사람들은 일제히 도적 떼들에게 달려들었고, 도적 떼들은 꽁무니를 빼며 도망갔다. 자칫 생명까지 잃을 뻔했는데, 마을 사람들이 언더우드 부부의 목숨을 살렸다.

복음의 씨앗을 곳곳에 뿌리다

언더우드 부부가 의주 땅에 들어섰다. 의주에 도착하니 100여 명이나 되는 사람들이 기독교 신자가 되겠다고 기다리고 있었다. 언더우드는 그들에게 다 세례를 줄 수 없어 신앙생활을 꾸준히 하고 진실한 마음을 가진 33명에게 세례를 주기로 했다.

하지만 의주에서는 세례식을 할 수가 없었다. 전도나 세례 주는 일이 불법이었기 때문이다. 언더우드는 기도하고 난 뒤 세례 받을 사람들을 데리고 압록강을 건넜다. 언더우드는 중국 땅 압록강 강변에서 그들에게 세례를 주었다.

"오, 하나님!"

세례받은 조선 사람들은 하늘을 우러러 보며 감격에 빠졌다. 그들의 얼굴은 이미 눈물범벅이었다. '조선의 요단강 세례'라는 말이 이때 나왔다. 언더우드가 압록강을 넘어간 까닭은 세례식을 못하게 막는 법이 중국엔 없었기 때문이었다.

만주 땅에서의 세례식이 있은 지 얼마 후, 한 부인이 언더우드 부부를 찾아왔다.

"복음을 더 알고 싶어서 이렇게 찾아왔습니다."

그 부인은 언더우드에게서 복음을 들은 사람을 만난 적이 있다고 했다. 부인은 성경이나 교리서, 찬송가 같은 것은 없지만, 하나님은 이 세상의 유일하신 분이고, 하나님 외에는 다른 신을 섬기면 안 된다는 것, 죄를 회개하고 참된 사람이 되어야 한다는 것, 일주일 중 하루는 거룩한 날로 지켜야 한다는 것을 안다고 말했다.

존 로스 선교사가 번역한 최초의 한글 성경 예수셩교젼셔, 1887

"저는 항상 '예수의 피밖에 없네'라는 찬송을 부릅니다."

언더우드 부부는 그 부인의 깊은 신앙심에 감탄하고, 오랜 시간 동안 신앙에 대한 이야기를 나누었다. 부인은 나중에 고향에 돌아가 일가친척들과 이웃, 그리고 친구들에게 자신의 신앙을 전하며 사람들 마음속에 복음의 씨앗을 뿌리는 일을 했다고 한다.

언더우드 부부가 평양을 지날 때쯤 여행 자금이 떨어지고 말았다. 할 수 없이 *평양감사를 찾아가 도움을 청했더니 뜻밖에도 그가 반갑게 "선생님을 서울에서 한번 본 적이 있습니다."라고 인사를 하고는 말과 여행 경비를 흔쾌히 내주었다. 특히 언더우드 부부가

한국 최초의 자생적 신앙공동체인 소래교회(마루 위에 언더우드 선교사, 마당 왼쪽 가마 옆에 원한경), 1898

소래 지방으로 들어갈 때에는 많은 사람들이 나아와 환영하며 반겨 주었다. 호턴은 처음이었지만, 언더우드는 이미 소래교회를 몇 번 왕래한 적이 있어 그들과 구면이었던 것이다.

언더우드 선교사가 조선에 온 지 2년쯤 되었을 때, 만주에 있던 로스 선교사로부터 한국어로 번역된 성경을 가진 조선 사람들이 기독교를 전파하고 있다는 소식을 듣게 되었다. 그곳이 황해도 소래 지방이었던 것이다. 한번은 서상륜이 소래 지방 사람들을 데리고 와서 언더우드로부터 세례를 받고 돌아간 일도 있었다.

"목사님, 우리 동네에도 세례를 받을 사람들이 많습니다. 나중에 꼭 소래를 방문해 주십시오."

서상륜으로부터 간절한 부탁을 받은 언더우드는 소래에 가지 않을 수 없었다. 기회를 보던 언더우드는 1887년 10월 말 추수감사절 즈음에

소래를 방문했다. 그리고 네 사람에게 세례를 주었다. 이것이 언더우드 선교사가 서북지방 순회전도 활동을 시작하며 이룬 첫 번째 일이었다.

첫 번째 전도여행에서 언더우드는 처음으로 소래를 지나 평양, 의주까지 돌아보았다. 그 후 여러 차례 서북지방 순회전도를 다니면서 많은 어려움도 있었지만, 가는 곳마다 사람들의 따뜻한 환대와 대접을 받는 감동적인 일을 경험하기도 했다. 그렇게 시작된 언더우드의 서북 순회전도는 계속되어 신혼여행이 네 번째 순회전도여행이 되었다.

순전히 걸어서 이동했던 멀고 먼 신혼여행길 서북지방은 모든 것이 낯선 곳이었고, 가는 곳마다 예기치 못한 상황에 직면하곤 했다. 그러나 언더우드는 복음 선교를, 호턴은 의료 선교를 행하며 서북지방 사람들을 주님께로 인도해 나갔다. 한국 선교 역사상 그 유례를 찾아볼 수 없는 신혼여행, 아니 전도여행이었던 것이다.

언더우드와 호턴의 신혼여행은 석 달이나 이어졌다. 그들의 신혼여행 길은 '태산을 넘어 험곡에 가도 빛 가운데로 걸어가면'을 실천한 길이었으며, 걸음마다 떨어진 밀알들은 조선 땅에서 복음의 씨가 되어 자라났다.

- **민비** 조선 26대 고종의 왕비이다. 1874년에 민비의 오라비 민승호 일가가 폭탄으로 폭사하는 사건이 발생했는데 그 배후로 시아버지 대원군이 지목되면서 정치적으로 많은 갈등을 겪기도 했다. 고종이 조선을 대한제국이라 선포한 후 명성황후라 불려졌다. 일본의 침략의 속셈을 알고 일본과 갈등을 빚다가 일본의 낭인에 의해 시해를 당한 불운의 황후이다.
- **평양감사** 평안도 지역을 다스리던 직책을 말하며, 원래 이름은 평안감사인데 평양에 관청이 있어 평양감사라고 부르게 되었다.

12.

땅 끝까지 복음을 들고

전도의 희망을 품다

언더우드 선교사는 신혼여행 겸 서북지방 순회전도에서 강한 선교의 희망을 보았다. 어려움 속에서도 선교 활동을 하여 복음을 전했다는 뿌듯함에 언더우드 부부는 그동안의 고난을 잊을 수 있었다.

"조선 땅을 두루 다니며 우리가 복음의 씨앗을 심는다면 분명 이 나라는 기독교의 나라가 될 것입니다."

언더우드는 자신의 전도여행을 걱정하던 선교사들과 신자들 앞에서 자신감에 찬 목소리로 말했다.

언더우드는 서북지방 순회전도여행을 공식적으로 여덟 번이나 다녀왔다. 언더우드의 말처럼 순회전도에서 뿌려진 복음의 씨앗은 나중에 북한 지역 선교의 싹으로 자라나 큰 열매를 맺는 출발점이 되었다.

신혼여행을 다녀오고 일 년 반 뒤에 호턴은 아들을 낳았다. 아들의 이름은 호러스 호턴 언더우드, 한국 이름은 *원한경이었다. '원한경'은 언더우드 집안이 한국에서 얻은 경사라는 뜻으로 지은 이름이다.

언더우드의 순회전도

1887년 언더우드의 1차 서북지방 순회전도는 한 달이 걸렸다. 개성, 솔내, 평양, 의주까지 돌았던 첫 번째 순회전도는 언더우드에게 적잖은 충격과 두려움과 신기함을 동시에 안겨 주었다. 조선의 속살을 들여다보며 선교의 방향을 정한 중요한 전도여행이기도 했다.

1888년 2차 서북지방 순회전도는 1차 전도여행 다음 해 봄에 이루어졌다. 이때는 아펜젤러 목사와 동행했다. 가는 곳마다 1차 전도여행 때 뿌린 선교의 씨앗들이 조금씩 싹트는 걸 본 언더우드는 매우 기뻤다. 서북지방 사람들은 언더우드라는 사람에 대해 많은 관심을 보였다.

"선교사님, 이걸 한번 드셔 보십시오."

어느 날 밤, 순회전도 길에 지친 몸을 쉬고 있을 때 갑자기 농부 한 사람이 찾아왔다. 허름한 옷차림의 농부는 반가운 표정을 지으며 다가왔다. 그는 소매 속에서 무언가 꺼내어 언더우드 앞에 놓았다. 감자로 만든 떡이었다. 농부는 미국 사람들이 감자를 좋아한다는 말을 어디선가 듣고 감자로 만든 음식을 갖고 온 것이었다. 당시 언더우드 선교사는 속병이 나서 고생하고 있었는데, 농부의 정성을 마다할 수 없어서 억지로 받아먹었다가 오랫동안 배탈로 고생했다고 한다.

2차 순회전도에서는 솔내에 있는 일곱 명의 신자들에게 세례를 주고 서경조의 아들 서병호에게는 유아세례를 주었다. 이는 우리나라 최초의 유아세례였다. 그때 언더우드는 평양까지 갔는데 선교회와 미국 공사관으로부터 즉시 서울로 돌아오라는 연락을 받았다. 선교를 금하는 문제로 불렀기에 언더우드는 계획된 순회전도를 마치지 못하고, 할 수 없이 서울로 되돌아왔다.

3차 서북지방 순회전도는 1888년 11월에 이루어졌다. 그런데 언더우드의 순회전도를 비판하는 사람들이 나타났다. 이유는 조선 정부가 금하는 선교 활동을 하고 있다는 것과 의료나 교육사업을 한다고 해놓고 전도 활동에 힘을 쓰면 분명히 정부 관리들이 가만히 있지 않을 거라는 걱정 때문이었다.

"관리들의 감정을 상하게 하면, 자칫 의료선교와 교육선교까지도 못하게 될 것입니다."

주위 사람들은 걱정하며 말했지만, 언더우드는 그런 말에 아랑곳하지 않았다. 학교나 그의 집에서 선교 활동을 더욱 활발히 하며 집회까지 열었다. 그러면서 3차 서북지방 순회전도를 이어갔다.

3차 순회전도의 가장 큰 목적은

언더우드의 전도여행, 1896

각 지방의 책임자를 조선 사람으로 임명하는 일을 결정하기 위한 것이었다. 선교의 범위가 점점 넓어지고 교인수도 늘어나기에 지역별 책임자의 역할이 필요하게 되었다. 지역별 책임자로 평양에는 *최명오, 장연에는 서상륜, 의주에는 *백홍준을 세웠다.

그리고 4차 서북지방 순회전도를 떠난 것이 바로 언더우드의 신혼여행이었다. 호턴 여사는 조선이라는 낯선 나라에 파송되어 제중원에서 부인과를 책임지는 의사로, 또 왕비를 돌보는 의사로 일하며 조금씩 조선을 알아가는 중이었다. 그런데 남편을 따라간 서북지방 여행은 색다른 두려움과 호기심이 넘쳤다. 언더우드처럼 선교에 대한 열망과 정성이 뜨거웠던 그녀는 오직 믿음으로 모든 어려움을 극복하며 남편 언더우드의 순회전도를 함께했다.

언더우드의 순회전도는 계속되었다. 1894년 5차 순회전도는 소래까지 다녀왔고, 1896년 6차 순회전도는 깊은 내륙 산골지방인 곡산 지역 신자들의 간청으로 에비슨과 다녀왔으며, 1898년 7차 순회전도는 그해 늦가을 캐나다 장로교 선교사이며 조선의 북쪽 지역을 선교하던 그리어슨 선교사와 제법 긴 시간 동안 순회전도를 다녔다. 8차 서북지방 순회전도 여행은 7차 다음해인 1899년에 이루어졌다.

전도여행 중인 언더우드 가족
(앞줄은 언더우드 선교사 부부와 아들 원한경, 뒷줄은 그리어슨 선교사 부부), 1898

언더우드는 예수를 영접하고 신앙 고백을 하는 사람들을 위해서라면 주저하지 않고 조선 땅 끝까지라도 찾아갔다.

- **원한경** 미국의 장로교 선교사이며 교육자이다. 언더우드의 외아들로 서울에서 태어나고 뉴욕대학을 나와 경신학교 교사, 연희전문학교(현 연세대) 교장을 지냈다.
- **최명오** 서상륜의 전도를 받고 기독교인이 되었다. 1887년 서울로 와서 언더우드 목사에게 세례를 받았다. 언더우드에 의하여 백홍준, 서상륜과 함께 조사로 임명되어 황해도 지방을 담당했고, 1887년 조직된 성서번역자위원회에서 언더우드, 아펜젤러 등과 함께 위원이 되어 성서를 번역하는 일에 관여했다.
- **백홍준** 만주에서 선교사 로스와 목사 매킨타이어를 만나 세례를 받고 최초의 개신교 신자가 되었다. 그 뒤 한문성경을 우리말로 번역하는 일을 하면서 누가복음, 요한복음 등 많은 성경을 간행했다. 주일마다 자신의 집에서 예배를 드려 조직교회는 아니었지만 최초의 개신교 집회를 만들었고 1887년 언더우드가 최초의 조직교회인 새문안교회를 창립할 때 서상륜과 더불어 최초의 장로로 추대되었다.

13.

조선 여인들의 만남의 광장

처음으로 맞은 안식년

호턴 여사는 원한경을 낳은 후 건강이 좋지 않았다. 계속 건강이 나빠지자 의사들은 미국 캘리포니아 같은 기후 좋은 곳에 가서 휴양하는 것이 좋겠다고 권했다.

"여보, 내년이면 안식년이오. 내가 조선에 온 지 7년째 되는 해입니다. 그때 나랑 미국으로 갑시다."

언더우드는 *류머티즘으로 고생하는 아내에게 말했다.

1891년 드디어 언더우드는 첫 안식년을 맞아 미국으로 출발했다.

"7년 전 두렵고 설레는 마음으로 제물포 항에 내렸었는데, 어느새 세월이 이렇게 흘러갔네."

언더우드는 지난날을 떠올리며 깊은 생각에 잠겼다. 언더우드의 7년이라는 세월은 조금도 쉬지 않고 일했던 시간이었다. 그리고 이제 잠시 숨을 고르며 모처럼 아내와 아들을 데리고 미국으로 가는 배에 올랐다.

"하나님, 감사합니다. 그동안 조선 땅 곳곳마다 인도해 주시고, 가는 곳마다 씨 뿌리고 열매 맺게 해주시니 감사합니다. 특별히 사랑하는 아내와 아들까지 주셔서 너무도 감사합니다."

언더우드는 기선 위에서 점점 멀어져 가는 조선 땅을 바라보며 감사의 기도를 올렸다. 언더우드는 눈물이 핑 돌아 하늘 높이 떠 있는 구름으로 시선을 옮겼다. '간다, 내가 간다, 조선으로!'라고 외치며 신념에 찼던 그날이 주마등처럼 스치고 지나갔다. 하나님의 도우심 없이는 이룰 수 없었던 수많은 일들을 떠올리며 언더우드의 감사 기도는 그칠 줄 몰랐다.

미국으로 돌아간 언더우드는 안식년 기간을 보내는 중에도 선교 보고와 더불어 선교의 동력을 얻고자 쉬지 않고 활동했다. 조선 선교 이야기를 듣고자 많은 사람들이 요청을 했고 그 요청에 언더우드는 빠짐없이 선교 보고를 했다. 조선에서 보낸 7년간의 선교 보고 내용은 언더우드 입에서 끊임없이 쏟아졌다.

"여러분, 우리가 미지의 세계라고 하는 조선은 결코 미지의 세계가 아닙니다. 하나님이 역사하신 예비된 땅입니다. 역사 깊은 아침의 나라 조선에 힘껏 하나님의 복음을 전합시다. 여러분의 기도가 필요합니다."

신학교를 방문하여 언더우드는 강력하게 조선 선교에 대해 강조했다. 언더우드의 열변은 후배 선교사들의 마음을 움직였다. 이후 조선에 와서 조선의 복음화와 근대화에 큰 업적을 남긴 레이놀즈, *에비슨, *무어, *테이트, *리 선교사는 이때 언더우드의 영향을 받아 조선에 들어온 선교사들이다. 그들이 조선에 올 수 있었던 데는 언더우드 타자기 사장이었던 형 존 토마스 언더우드의 재정 지원도 한몫을 했다. 언더우드의 모교인 미국 뉴욕대학에서는 언더우드의 조선 선교의 공을 높게 인정하여 명예신학박사 학위를 수여했다.

호턴의 부인 진료소

미국에서의 일 년이라는 안식년이 지나갔다. 그동안 호턴 여사의 건강도 많이 좋아졌다. 언더우드는 가족을 데리고 다시 조선으로 향했다. 조선으로 돌아오는 길은 지구 반대편을 도는 길을 택했다. 탐구심과 개척정신, 그리고 견문을 넓히는 일에 남다른 관심이 있었던 언더우드는 미국에서 영국으로, 영국에서 지중해를 지나 홍해로, 홍해에서 인도양을 넘어 남중국해로, 남중국에서 중국 상해에 들렀다가 일본 나가사키로, 그리고 나가사키에서 조선으로 왔다. 해상 교통이 오늘날처럼 원활하지 않은 당시를 생각하면 참으로 긴 항해를 한 것이었다.

"목사님, 이제 저는 부인 진료소를 열어야겠어요."

귀국하자마자 호턴 여사가 바쁘게 움직이기 시작했다.

"여보, 그리 결심해 주니 나도 힘껏 도울게요."

"네. 고마워요. 사실 조선 여인들은 병이 있어도 대부분 제때 적절한 치료를 받지 못하고 있어요. 그게 너무 마음 아파요."

"그렇지요. 조선은 아직 서양 의술이 발달하지 못한 데다가 여성이라는 신분 때문에 치료나 예방조차 제대로 받지 못하고 있어요. 참 안타까운 일이지요."

호턴의 부인 진료소가 드디어 문을 열었다. 호턴의 부인 진료소는 조선 여성들의 건강을 관리하고 지켜주는 데 큰 역할을 했다. 부인들이 많이 모이자 언더우드 부부는 그들을 치료하며 건강 상담도 해주었다. 그리고 틈틈이 전도도 했다. 소문이 퍼지자 많은 여성들이 부인 진료소를 찾았다. 조선의 여성들은 이제까지 경험해 보지 못했던 건강 상담과 서양 의학의 치료를 받으며 그 효과에 놀랐다.

"세상에, 이름도 처음 들어보는 병을 미국 여자 의사가 족집게처럼 잡아내더니 딱 고치는 거예요. 정말 깜짝 놀랐어요."

"말도 마요. 난 무서워서 벌벌 떨고 있는데 그 외국 여자 의사가 얼마나 친절하게 보살펴 주는지, 치료도 하기 전에 병이 절로 낫는 거 같았다니까요."

"부끄러워 말할 수 없던 병도 여자 의사 앞이니 편하게 털어놓을 수 있어서 정말 좋았어요."

부인 진료소 이야기는 서울을 비롯하여 전국으로 쫙 퍼져 나갔다. 그러다 보니 부인 진료소는 날이 갈수록 더 많은 여성들이 드나들게 되었고 자연히 여성들의 만남의 장소가 되기 시작했다. 신분의 차별이 심하고 여성들의 바깥출입이 제한적이던 조선 시대에 호턴 부인 진료소에서는 새로운 풍경이 생겼다. 부인 진료소 안에서만은 여성들의 자유로운 만남과 친교가 이루어진 것이다.

"저기 저 부인 보이지요? 저 부인과 지난번에 처음으로 인사를 나누었어요. 어느 양반집 부인인데 서로 사는 이야기를 하면서 금방 친해졌어요. 솔직한 이야기 몇 마디 했을 뿐인데 금방 친해졌다는 게 참 신기해요."

"남에게 할 수 없는 이런저런 이야기를 여자들끼리 나누다 보니 서로 궁금하거나 모르는 일을 알게 되어 좋아요."

"옷 만들고 음식 만드는 이야기를 하다 보니 정말 도움이 많이 되었어요."

"이건 비밀인데, 난 어제 예배를 드렸어요. 언더우드 목사님의 예수님 이야기는 정말 신기하고 놀라웠어요."

"나도 다음에는 꼭 예배에 참석하고 싶어요. 나랑 같이 가 줄 거죠?"

언더우드 부부는 틈틈이 부인 진료소에서 전도를 했다. 부인 진료소는 자연스럽게 부인들의 예배 장소가 되기 시작했다.

당시에는 남녀가 같은 장소에 함께 있는 것이 허락되지 않았다. 새문안교회에서도 예배를 드릴 때 가운데에 휘장을 치고 남녀가 양편으로 갈라 앉아 예배를 드렸다. 따라서 부인 진료소에 만들어진 여성들만의 예배 장소는 여성들에게 상당한 해방감과 호감을 주는 장소가 되었.

이처럼 호턴의 부인 진료소는 많은 조선 여성들이 여성으로서의 존재

가치를 확인받고, 가정에만 머문 여성의 시선을 울타리 너머 사회로 돌리게 한 중요한 계기가 되었다.

- **류머티즘** 우리 몸의 결합조직, 특히 근육이나 관절 및 이와 관련된 구조에 염증을 일으키는 여러 가지 질병을 통틀어 말한다.
- **에비슨** 캐나다의 의료 선교사로 당시 기울어져 가던 제중원을 다시 일으키고 제중원에서 국내 첫 의학교육과 고등교육을 실시하여 조선인이 직접 조선인을 치료하고 스스로 자립할 수 있게 했다. 미국에서 세브란스라는 저명한 사람을 만나 그의 기부를 통해 세브란스 병원을 세우게 하는 데 결정적인 역할을 했다.
- **무어** 1892년 조선에 와서 신분제도, 남존여비사상, 샤머니즘으로 병든 조선에 한 알의 밀알이 되어 자신의 삶과 죽음을 아낌없이 드린 선교사이다.
- **테이트** 미국 남감리교 소속 선교사로 1891년 내쉬빌에서 열린 전국 신학교 해외선교연합회에서 언더우드 선교사와 당시 유학생이었던 윤치호의 조선 선교에 대한 강연을 듣고 조선 선교를 결심하고 조선에 왔다. 호남지역의 선교에 큰 업적을 남겼다.
- **리** 미국장로교 선교사로 1892년 10월 부인과 함께 내한하여 1916년 별세할 때까지 조선 선교를 위해 전력했다. 리 목사는 서울에 있는 연동교회 설립의 기초를 놓았다.

Horace Grant Underwood

14.

찬송을 사랑한 선교사

예배 속 찬양을 꿈꾸며

"하나님을 찬양하라."

언더우드 선교사는 쉼 없이 찬양을 부르며 선교 활동을 했다. 어릴 때 아버지가 즐겨 부르던 찬송가는 언더우드 일생에 늘 따라다니던 찬송이었다.

천성에 가는 길 험하여도
생명길 되나니 은혜로다.
천사 날 부르니 늘 찬송하면서
주께 더 나가기 원합니다.

아버지가 숨질 때 하늘을 향해 얼굴을 들며 부르던 찬송. 언더우드는 그 일이 있은 후, 힘든 선교생활 속에서나 고독하고 힘겨워 몸져 누울 때도, 언제나 이 찬송가를 불렀다. 언더우드는 찬송을 부르면서 마음속으로부터 이런 속삭임을 듣곤 했다.

찬송을 부르면 하나님께 가까이 다가가는 것 같습니다.
찬송을 부르면 하나님의 뜻을 더 알게 되는 것 같습니다.
찬송을 부르면 힘이 생깁니다.
찬송을 부르면 하나님의 크신 사랑을 깨닫습니다.
찬송을 부르면 담대해집니다.
찬송을 부르면 마음이 평안해집니다.

언더우드는 이런 찬송가를 조선 교인들에게도 부르게 하고 싶어 찬송가 편찬에도 특별한 힘을 기울였다.
"찬양 없는 예배는 있을 수 없다."
언더우드는 한영사전의 원고를 마지막으로 검토하고 있던 매우 바쁜 시간 속에서도 미국 교인들이 부르는 찬송가 30여 곡을 우선 뽑았다. 그중에서 자신이 절반 정도를 번역하여 작은 찬송가 책자를 만들어 개인용으로 사용했다. 조선인을 위한 그의 첫 찬송가 중에 '나의 죄를 씻기는'(새찬송가 252장), '내 구주 예수를 더욱 사랑'(새찬송가 314장), '예수가 거느리시니'(새찬송가 390장)는 지금도 널리 불리고 있다.

언더우드는 무언가에 쫓기듯이 서두르며 찬송가 편집에 매달렸다. 개인 찬송가를 만들어 부르는 언더우드를 본 다른 교회에서도 찬송가에 대한 관심이 높아졌다. 그래서 장로교회와 감리교회가 같이 찬송가를 만들기로 했다.

장로교회는 *마펫 목사를, 감리교회에서는 *존스 목사를 합동찬송가 편집 간행 위원으로 선정하여 찬송곡을 수집했다. 50여 곡을 먼저 선정했는데, 그중 절반은 언더우드 목사가 이미 번역한 것이었다. 그러던 중 존스 목사가 안식년으로 미국으로 돌아가게 되자 언더우드가 찬송가 편찬의 모든 책임을 맡았다.

"할렐루야. 이제 조선 교회도 제대로 된 찬송을 부르게 하자."

언더우드는 찬송가 편찬 일이 너무나 기쁘고 좋아서 어떤 일보다 더 우선하고 열중했다. 언더우드는 먼저 선정된 찬송가 가사를 한국어로 번역했다. 가사 중에 문법적으로 안 맞는 것이나 뜻이 통하지 않는 부분은 조선 학자들이 고쳤다. 선정된 찬송가에는 언더우드가 미국 노래를 번역한 찬송가와 다른 선교사들이 번역한 찬송가가 섞여 있었다.

언더우드 찬양가

언더우드의 책임 하에 조선의 합동찬송가를 만든다는 소식을 듣고 미국에 있는 형 존이 큰돈을 보내왔다. 언더우드는 너무도 기뻐 앞뒤 생각 않고 곧바로 찬송가 인쇄에 들어갔다. 그런데 언더우드의 찬송가를 받아들일 수 없다고 *교회연차대회에서 동료 선교사들이 결정해 버린 것이다. 그 이야기에 언더우드는 깜짝 놀랐다.

당황한 언더우드는 이유를 알아보았다. 이유는 몇 가지가 있었다. 첫째는 전년도 연차회의에서 결정한 찬송가 편찬안에 맞지 않는다는 것이고, 둘째는 번역한 찬송가를 수록하면서 원 작사자나 번역자의 허가를 받지 않았다는 것이며, 셋째는 '신'이라는 말을 다 빼고 대신 '아버지', '여호와'를 썼다는 점이었다.

언더우드는 이미 발간된 찬송가를 손에 쥐고 난감해했다. 그 많은 시간과 노력, 적지 않은 돈까지 들여 만든 찬송가를 그냥 내버릴 수는 없었다. 그렇다고 조선 교계에서 인정받지 못하는 찬송가를 더 이상 발행

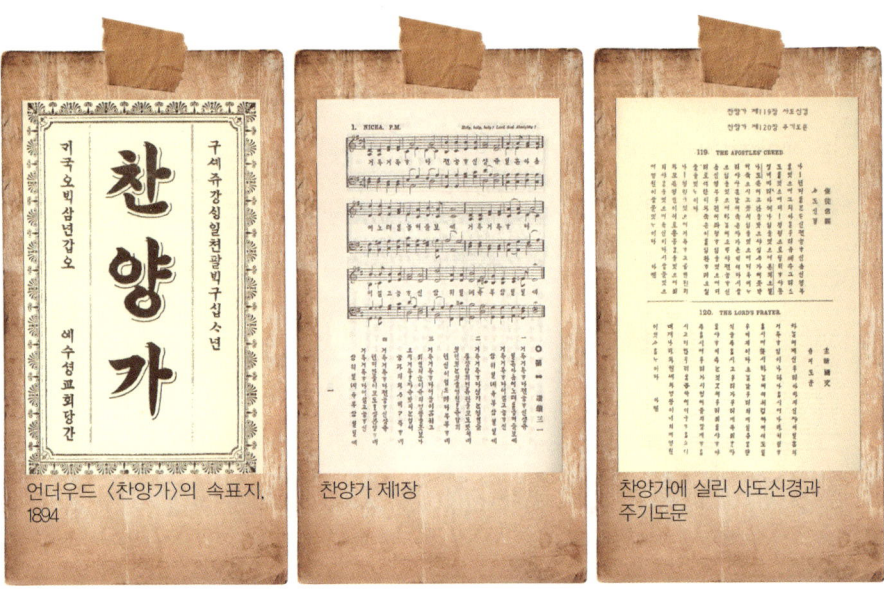

언더우드 〈찬양가〉의 속표지. 1894

찬양가 제1장

찬양가에 실린 사도신경과 주기도문

할 수도 없었다. 언더우드는 눈앞이 캄캄해졌다. 고민과 생각 끝에 언더우드는 자신만의 찬송가를 펴내기로 했다. 그러나 국내에서는 쉽지 않았다. 할 수 없이 언더우드는 찬송가 원본을 일본에 보내 출판했다. 그 찬송가가 바로 언더우드의 〈찬양가〉이다.

언더우드는 〈찬양가〉를 교회 도움 없이 개인적으로 보급할 수밖에 없었다. 언더우드는 개인 자격으로 〈찬양가〉를 서울에 있는 서점에 갖다 놓고 필요한 사람들이 살 수 있도록 해 놓았다. 이러한 우여곡절 끝에 1894년 여름, 드디어 한국 최초의 개신교 찬송가가 〈찬양가〉(언더우드 찬양가)라는 이름으로 세상에 나오게 되었다.

이 〈찬양가〉는 서양식 오선 악보로 기록된 최초의 노래집이다. 〈찬양가〉에는 117곡의 악보 찬송가가 담겨져 있다. 책의 편집이나 형태가 요즘으로 보면 좀 거리가 있지만 당시에는 처음 나온 찬송가라 대단한 의미가 있었다. 오늘날에도 잘 부르는 찬송, '예수 사랑하심을'(새찬송가 563장)도 이 〈찬양가〉 속에 들어 있다. 이 찬송가는 모든 교인들이 다 잘 부르지만 특히 어린이들이 잘 부르는 찬송가이다. 주일학교에서 가장 먼저 배우던 찬송가이기도 하다.

예수 사랑하심을 성경에서 배웠네.
우리들은 약하나 예수 권세 많도다.
날 사랑하심 날 사랑하심

날 사랑하심 성경에 쓰였네.

사실 이 찬송가는 조선의 최초 개신교인들이 중국 만주에 가서 익혀 온 노래라고 한다. 만주에서 이 찬송을 들은 사람이 틈만 나면 "쥬예수 아이워, 쥬예수 아이워!"라고 흥얼거릴 정도였다고 한다. 이것은 '예수 사랑하심을'의 후렴구인 '날 사랑하심 날 사랑하심'을 중국어로 부른 것이다. 당시의 가사는 지금의 새찬송가 563장의 가사와는 좀 다르지만 조선 사람이 제일 처음, 그리고 가장 오래 부르는 찬송가가 되었다.

한국 교회의 합동찬송가

조선의 교회마다 찬송가가 울려 퍼졌다. 예배는 찬송가와 함께 시작되고 끝났다.
"찬송가를 부르면 주님의 은혜가 나에게 쏟아지는 것 같아요."
"가슴이 뜨거워지며 신이 나요. 자꾸 부르고 싶어요."
"찬송가를 부르면 어려움도 잊어요."
"눈물이 나요. 주님의 사랑을 생각하면요."
조선의 기독교 신자들은 일찍이 만나지 못했던 서양풍의 찬송가 노래에 마음이 쏠리며 신앙심이 뜨겁게 불타올랐다.
언더우드의 〈찬양가〉는 우리나라 기독교뿐 아니라 우리나라 최초로 서양 음악을 도입하여 한국 음악의 발전에 큰 기여를 했기에 한국 음악사의 귀중한 자료가 되기도 했다. 언더우드는 〈찬양가〉 앞에 찬송가의 중요성에 대한 글을 쓰면서 이 찬송가는 언더우드 자신이 다 만든 것이 아니요 여러 사람이 번역했고, 한국 사람이 붙인 가사도 7곡이나 있다고 알렸다. 언더우드는 한국 교회가 찬송가를 갖게 되었다는 데 큰 기쁨과 자부심을 가지게 되었다고 찬송가 맨 앞에 그 소감을 밝혔다.

> 기독교회는 교회가 창설됨에 따라 찬송가의 필요성도 느꼈습니다.
> 즐거운 찬양과 복된 노래는 다른 종교에서는 찾아볼 수 없는
> 기독교의 독특한 성격에 속했습니다.
> 그러므로 조선의 교회에도 처음부터 거룩한 찬송가가 요청되었습니다.

한국 교회는 1890년대에 들어오면서 급속히 부흥하고 팽창했다. 따라서 교인들의 수가 늘어나고 많은 교인들이 더 많은 찬송을 요구하게 되었다. 찬송가는 판을 거듭하며 발행되었고 수록 곡도 점점 늘어 164곡이 되었다.

시대적 흐름에 따라 장로교회나 감리교회, 그 밖의 여러 선교 단체들이 같이 합동찬송가를 만들자는 의견을 내놓았다. 다 같은 하나님의 자녀로서 각 교단의 장점은 살리되 선교하는 일에는 함께하자는 의미였다. 이런 의견에 선교 단체들, 특히 장로교회와 감리교회는 같이 쓰는 합동찬송가를 만들기로 하고 '재한 복음주의 선교부 통합공의회'라는 기구를 만들었다. 그리고 초대 의장에 언더우드 목사를 세웠다.

합동찬송가의 편찬은 결코 쉬운 일이 아니었다. 그러나 3년간 노력한 결과, 1908년에 262곡이 담긴 합동찬송가가 출판되었다. 그리고 한국의 모든 교회가 이 합동찬송가를 부르게 되었다. 언더우드의 〈찬양가〉는 합동찬송가가 나올 때까지 부른 한국의 첫 찬송가로 역사에 기록되었다.

- **마펫** 미북장로교 한국 선교사로 한국 이름은 마포삼열이다. 평양에 선교부를 두고 선교하던 중 이기풍의 돌팔매질에 맞아 피를 흘렸지만 아량과 관용으로 용서하여 한국인들에게 존경을 받았다. 평양 숭실학교를 설립했다.
- **존스** 1892년 아펜젤러가 안식년으로 한국을 떠난 후 제물포 지방 감리사이면서 내리교회를 담임하게 된 여자 선교사이다. 영화학당을 세워 현재 영화초등학교로 이어지고 있다.
- **교회연차대회** 교단에서 중요한 일을 처리하기 위해 해마다 정기적으로 열리는 대회이며 이 대회 때 각 교회와 노회 및 총회 문제가 의논 및 의결, 처리되었다.

15.

시련의 바람 속에서

쥐 귀신이 휩쓸고 간 땅

 언더우드 선교사가 한국에 온 다음 해 여름, 한양에는 *콜레라가 걷잡을 수 없이 퍼지고 있었다. 많은 사람들이 죽어 나갔고, 길거리에는 죽은 사람을 덮은 가마니들이 여기저기 어지럽게 널려 있었다.
 "에구머니나, 저 집에 쥐 귀신이 들어왔대."
 "으, 무서워서 못 살겠네."
 사람들은 쥐 귀신이 콜레라를 퍼트린다고 생각하고 그 집 앞을 피해 다녔다.
 "너희들, 쥐 귀신이 몸에 들어오지 않게 잘 피해 다녀야 한다."
 "엄마, 쥐 귀신이 어떻게 생겼는데?"
 "이 녀석아, 어떻게 생기긴. 쥐 발 모양을 하고 있는 귀신이라니까."

어른들은 아이들에게 콜레라 쥐 귀신의 모습을 말해 주고 피할 방법을 알려 주기까지 했다.

"대문 앞에 고양이 그림을 그려놓아야 해."

"쥐 귀신이 고양이 그림을 보면 도망갈까요?"

걸렸다 하면 자칫 생명을 잃는 콜레라를 보며 사람들은 공포에 떨었다. 사람들은 새끼줄을 쳐 놓고 콜레라 귀신이 들어오지 않기를 바랐다. 거리는 집집마다 고양이 그림이 붙어 있고 시체들이 뒹구는 음산한 모습으로 변했다.

콜레라는 깨끗하지 못한 환경과 빈약한 음식물을 먹는 데서 더욱 널리 퍼졌다. 게다가 전염성이 아주 강한 병이라 한 번 발생하면 그 주변 일대가 순식간에 전염되었다. 나라에서는 콜레라를 막기 위해 노력했지만 미신을 믿는 백성들과 현대적 의료가 발달하지 않은 당시의 조선에는 한계가 있었다.

급속히 퍼지는 콜레라에 모두 겁을 집어 먹고, 손을 놓고 있던 조선 정부에서는 '외국 의사들에게 가면 고칠 수 있다'는 포고문을 붙이는 지경에 이르렀다. 그러자 너도나도 제중원으로 몰려들었다. 언더우드는 제중원 의사와 직원들, 그리고 외국 선교사들과 함께 두 팔을 걷어붙이고 나섰다. 하루에도 수없이 밀려오는 콜레라 환자들을 치료하고, 전염 지역에 방역을 하며, 환경을 깨끗이 하는 데 시간을 빼앗기다 보니 제중원의 일이 마비될 정도였다. 언더우드는 상황이 악화되자 먼저 세상을 떠난 작은형 프레드릭의 이름을 딴 언더우드 휴양소까지 콜레라 치료소로 내놓았다.

　서양 의술로 콜레라를 치료하니 효과는 금방 나타났다. 특히 발병 초기에 있던 사람들은 빠른 시간 안에 회복되어 갔다. 하지만 대부분의 사람들은 전통적인 의술에 매달리다 대처를 잘못하여 목숨을 잃는 경우가 많았다.

　제중원 사람과 의료에 관계된 사람들은 힘을 합하여 콜레라를 잡는 데 힘썼다. 그런 노력의 결과인지 극성스럽던 콜레라가 진정되기 시작했다. 선교사들에 의해 콜레라도 치료되고 전염 상황도 잡을 수 있게 되자 사람들은 언더우드를 비롯한 제중원과 외국 선교사들에게 감사의 마음을 갖게 되었다.

　선교사가 파란 눈에 기다란 다리로 성큼성큼 걸어와 무슨 말인지 모를 말을 할 때 경계의 눈초리를 보냈던 조선 사람들이 콜레라 사건으로 그들을 보는 눈길이 달라졌다. 외국인에 대한 완고한 생각과 혐오감이 점차 사라진 것이다. 콜레라의 창궐은 불행한 일이었지만, 반대로 외국인 선교사들의 진심을 믿는 계기가 되었다.

　"아, 이 어렵고 참혹한 상황에서도 복음의 씨앗을 뿌릴 준비를 하게 하신 하나님, 감사합니다."

　언더우드는 하나님의 섭리를 생각하며 목이 메었다. 그 후에도 언더우드와 제중원 의사들과 선교사들은 콜레라가 더 퍼지지 않도록 예방과 치료를 철저히 했다.

선교사들을 향한 이상한 소문들

이 일을 통해 언더우드는 다시 한번 자신의 모든 열정을 바쳐 조선 백성들을 섬겨야 함을 스스로 확신하게 되었다. 그러나 당시 조선의 사정은 녹록지 않았다. 조선의 관리들과 지도층 사람들 대부분은 아직도 선교사들이 하는 일을 못마땅히 여겨 선교를 어렵게 했다. 특히 개신교 선교사의 전도를 금하는 건 당연한 일이었고, 선교사들이 세운 병원이나 학교도 통제하자는 과격한 주장을 펴는 사람들이 있었다.

"아무리 선교사가 세운 기관이지만 우리 조정에서 인가한 것이니 우리 방침에 따라야 한다."

결국 어떤 형태로든 선교사들의 선교는 못하게 막아야 한다는 뜻이었고, 그 내용을 담은 공문을 미국 공사관에 보냈다. 당시 미국 공사관에서는 조선 정부의 강경한 입장을 어찌지 못해 공문대로 따르겠다고 하고, 선교사들에게 함부로 선교나 교육 같은 것을 하지 않도록 주의를 주었다.

"목사님, 이 일을 어쩝니까? 이젠 학교에서 아침 예배와 주일 예배를 드리기가 힘들어질 것 같아요."

동료 선교사들의 말을 들은 언더우드는 눈을 감은 채 묵묵히 있었다. 한참 뒤 언더우드는 조용히 입을 열었다.

"지금은 어려운 때입니다. 이 거센 바람이 지나갈 때까지 기도하면서 주님의 응답을 기다립시다."

결국 전도 금지령으로 학교에서의 아침 예배와 주일 예배가 중지되었다. 지방에서는 기독교에 관한 책을 불살라 버리는 일이 비일비재하게 일어나고 있었다. 모든 종교의식도 폐지되었다. 그동안 어렵게 이루어 놓았던 선교 활동의 흔적은 점차 훼손되고 사라져 갔다. 그뿐만 아니라 온갖 이상한 소문이 선교의 길을 막고 있었다.

"선교사를 이 땅에서 쫓아내자. 그들을 절대 만나지 마라."

"눈알도 빼다가 안경알을 만든다 하더라."

"아이들 심장을 빼내어 서양 약을 만들고 있다."

"선교사가 경영하는 병원은 아이를 잡아먹는 도살장이다."

별별 해괴망측한 소문이 전국적으로 퍼져 나갔다. 소문이 꼬리에 꼬리를 물고 퍼지자, 그 소문을 사실로 믿은 사람들이 격분하여 선교사들에게 몰려와 위협했다.

"눈이 파란 서양 귀신아, 물러가라."

"양도깨비는 너네 나라로 돌아가라."

사태가 매우 험악해지자 선교사들도 동요하기 시작했다.

어느 날은 선교사를 돕던 한국 사람이 얼굴이 하얗게 질려 제중원 문을 열고 들어왔다.

"선교사님, 이를 어쩌지요? 선교사님들을 도운 조선 사람들에게까지 행패를 부리고 있답니다. 사람들을 막 끌고 가고 그랬다네요."

이런 상황이다 보니 외국 선교사들이 거리에 나가는 일조차 대단히 위험해졌다.

심각한 사태에 이르자 미국 공사는 조선 정부에 공문을 보냈다.

"허무맹랑한 소문이 떠돌아 외국인들이 곳곳에서 많은 피해를 보고 있습니다. 이렇게까지 사태가 험악해진 것에 대해 조선 정부는 어떻게 대응할 것입니까?"

그동안 조선 정부의 입장을 옹호하고 따르던 미국 공사가 강력히 항의하자 영국, 프랑스, 독일 공사들도 외국인을 향한 심각한 사태에 대해 주동자를 처벌해 줄 것을 요청하게 되었다.

"하나님을 믿는다면 사람들을 두려워하지 마십시오. 하나님이 함께 하심을 믿으십시오. 이럴수록 선교사들은 조선 사람들을 사랑해야 합니다. 그들에게 주님의 사랑을 보여 주어야 합니다. 우리의 진심을 담아야 합니다."

어려운 상황 속에서도 언더우드는 좌절하거나 포기하지 않고 한국 사람들에 대한 사랑의 활동을 계속해 나갔다. 이런 언더우드의 모습은 당시 조선 정부 관리들에게 좋은 인상을 심어 주었다. 언더우드를 비롯한 선교사들의 각별한 노력과 여러 나라의 강력한 항의로 험악했던 분위기는 점차 수그러들었다. 시간이 지나면서 사람들은 그동안 선교사들에 대한 소문이 모두 거짓이었고, 오해로 인한 것이었음을 깨닫게 되었다. 또한 조선에 온 선교사들의 선교 사업은 결코 나쁘지 않다는 사실을 알게 되었다.

그런데 조선의 선교 상황이 좋지 않다는 보고를 받은 미국의 선교부에서는 선교사들에게 조선으로부터 철수하라고 했다. 언더우드를 비롯한 선교사들이 이젠 상황이 좋아지고 있다고 알렸지만 "선교사업을 계속 벌이려 한다면 예산을 더 이상 줄 수 없습니다."라고 하며 선교본부의 지시에 따르지 않는 선교사들에게는 경제적 지원을 줄였다. 선교사들은 예산 부족으로 여러 가지 어려움을 겪게 되었다. 이때 언더우드는 미국 사람들이 조선에 대해 세 가지 오해가 있다고 주장하고 시정할 것을 요구했다.

첫째, 조선 정부의 기독교에 대한 태도 때문에 조선 사회가 불안정하다는 것은 맞지 않는 말이다.

둘째, 장로교 선교부가 조선에 이룬 선교 성과는 보잘것없다고 했는데 사실이 아니다. 조선에 교회가 세워지고 있으며, 많은 사람들이 세례를 받고 신자가 되려 한다. 병원과 학교는 조선 사람들에게 큰 환영을 받고 있다.

셋째, 이제 조선에서는 어떤 선교 일도 할 수 있게 되었다. 그런데 선교 활동을 중단한다는 것은 잘못이다. 조선의 문이 활짝 열렸는데 여기서 선교가 중단된다면 어떻게 될 것인가?

언더우드는 가는 곳마다, 기회 있을 때마다 이야기하고, 편지를 써서 이 주장을 강조했다.

"조선인들은 예로부터 하나님을 믿는 순수한 바탕이 있어서 복음을 받아들일 자세가 되어 있습니다."

　많은 미국 사람들이 언더우드의 논리 정연한 말을 듣고 조선의 선교에 대해 다시 한번 생각하게 되었다. 시련의 거센 바람이 한바탕 휘몰아쳤지만 언더우드는 더욱 꿋꿋이 선교의 길을 걸어 나갔다.

- **콜레라** 법정전염병 제1군에 속하는 병으로 구토와 설사가 주 증상이고, 위생시설 및 환경 위생이 나쁜 곳에서 발생되며, 오염된 식수·음식물·어패류를 먹은 후 감염된다. 탈수가 빠르게 진행되며 심하면 사망에 이를 수 있다.

언더우드를 만나 변화된 한국의 인물들

이 승 만
역적에서 대한민국의 초대 대통령으로

"목사님, 오늘도 *한성감옥으로 가실 생각이십니까?"
"당연히 가야지요. 난 벌써 갈 준비를 마쳤습니다."
언더우드 선교사는 동행하는 사람에게 말을 건네며 길을 나섰다.
"그 사람에게 별일이 없어야 할 텐데…."
언더우드는 걱정스럽게 말했다.
"그러게요, 목사님. 아직도 심한 고문 후유증으로 겨우 목숨만 붙어 있는 상태라고 합니다."

"음….."

언더우드의 입에서 짧고 낮은 탄식이 흘러나왔다.

"아펜젤러 목사님이 그렇게 아끼던 청년이었는데, 목사님까지 세상을 떠났으니 어쩌면 좋습니까?"

"그러게 말입니다. 아펜젤러 목사님이 그 청년을 감옥에서 나오게 하려고 얼마나 애를 쓰셨는데…."

"어서 몸이나 회복되었으면 좋겠습니다."

"그래야지요. 그래서 지금 우리 선교사들이 뜻을 모아 그의 석방을 위해 힘쓰고 있지 않습니까. 반드시 석방될 거예요."

언더우드는 잠시 걸음을 멈추고 인왕산 자락을 바라보았다. 눈시울이 붉어졌다. 아펜젤러 선교사와 의기투합하여 행했던 수많은 조선 선교의 일들이 갑자기 파노라마처럼 스쳐 지나갔다.

언더우드가 만나러 가는 청년은 바로 이승만이었다. 이승만은 당시 고종 황제의 부패한 정부에 개혁을 요구하고 입헌군주제를 세우자는 개화파 편에 섰다가 역적으로 체포되어 한성감옥에 투옥된 상태였다. 그리고 얼마 후 이승만과 뜻을 같이한 사람들이 한성감옥을 탈출하는 사건이 발생했다. 탈출은 실패로 끝나고, 이승만은 탈옥 죄까지 더해져 사형 선고가 예상되었다.

이승만을 아끼던 아펜젤러와 많은 선교사들은 그를 구명하고자 팔을 걷어붙이고 나섰다. 다행히 그 노력이 헛되지 않아 사형이 아닌 종신형과 100대의 태형이 선고되었다. 영어를 잘하고 지식과 지도력이 뛰어난 이승만을 죽이기엔 아깝다고 보았기 때문으로 추정된다. 하지만 종신형은 평생 감옥에 있는 형벌이라 앞길이 구만리 같은 청년 이승만을 그대로 둘 순 없었다. 아펜젤러를 비롯한 선교사들은 그의 석방을 위해 발 벗고 나섰다. 아펜젤러와 뜻이 잘 맞던 언더우드도 그의 석방을 위해 애썼으며, 아펜젤러가 세상을 떠난 뒤에도 종종 감옥에 있는 이승만을 찾아가 위로하고 격려하며 절망하지 않도록 힘을 북돋워 주었다.

이승만은 어릴 때부터 신동으로 불렸는데, 배재학당에 들어와서 서양의 자유민주주의와 민권 사상에 눈을 뜬 후 최초의 일간신문인 매일신문을 창간하여 청년 논설가이자 차세대 지도자로 이름을 날렸다. 배재학당을 졸업할 때는 정부의 고위 관리와 서양의 선교사 그리고 천여 명이 넘는 군중들 앞에서 최초로 영어 연설을 하기도 했다. 이렇듯 앞날이 창창했던 젊은 이승만이 어느 순간 나라의 역적이 되어 죽음을 앞두고 있는 현실은 정말 절망적이었다.

이승만은 평소 개신교 신자는 아니었지만 성경에 대해서는 많은 지식을 가지고 있었다. 감옥에서 이승만은 혹독한 고문과 죽음의 공포를 처절하게 느끼는 가운데 배재학당 시절의 설교와 찬송을 생각하며 예수님을 진정으로 만나는 체험을 했다. 예수님을 만난 이승만은 주저 없이 무릎을 꿇고 기도했다.

"하나님, 제 영혼을 구원해 주신 것처럼 이 민족을 구원해 주십시오."

기도를 마치고 성령님이 주시는 평화를 경험한 이승만은 밤낮을 가리지 않고 성경을 묵상하며 감격과 열정으로 뜨거워졌다. 그는 한성감옥 안에서 옥중학교와 옥중 도서실을 열고 한글을 모르는 죄수들에게 한글을 가르쳤다. 또한 성경 말씀을 전하며 전도했다. 옥에 갇힌 지식층들과는 서양 정치, 경제, 외교, 무역의 사상서들을 읽고 미래에 우리나라가 자유민주국가로 세워질 것을 꿈꾸었다. 감옥에 있던 많은 사람들은 이승만의 설득 있는 전도에 예수를 믿고 신자가 되었다. 사도행전의 옥중 전도와 회심의 역사가 한성감옥에서 일어

YMCA 집회에 참가한 언더우드 선교사(중앙 교탁 뒤)와 이승만(독창자 왼쪽), 1911

난 것이다.

이승만은 양반 출신으로는 처음으로 기독교를 받아들인 사람이었다. 이승만은 40여 명을 전도했는데, 그중에는 이상재를 비롯해 양반 출신 가문의 사대부와 젊은이들이 많았다. 이승만은 그들과 함께 감옥에서 기도와 예배에 힘썼다. 그리고 영어사전도 집필하는 등 활발한 시간을 보냈다.

선교사들의 정성으로 정부에서는 1904년 8월 이승만을 석방시켜 주었다. 5년 7개월 만에 이승만은 자유의 몸이 되었다. 그러나 러일전쟁에서 일본이 승리하면 조선이 일본의 지배를 당하는 것은 시간문제라는 판단이 선 정부는, 다급히 미국에 독립을 청원하기 위해 영어 실력이 뛰어난 이승만을 미국으로 보내기로 했다. 29세의 이승만은 밀서를 갖고 은밀히 떠나게 되었다. 그는 미국으로 떠나면서 장차 신학문을 더할 생각으로 선교사들과 협의했다. 언더우드 선교사는 미국에 있는 저명한 인사와 교회 지도자들에게 추천서를 썼다.

"이승만은 그의 조국에서 위험한 발언을 했다는 이유로 투옥되어 수년간 정

언더우드를 만나 변화된 한국의 인물들 ● 181

치범으로 복역했던 한국의 기독교인입니다. 지난해 저는 그의 노력 덕분에 감옥에서 수감자들과 예배를 드릴 수 있도록 허가를 받았습니다. 그는 학업을 계속하기 위해 미국에 갔으며 그에게 진학에 도움이 될 만한 기회나 조언을 주신다면 제게는 더없는 기쁨이겠습니다."

1904년 11월 미국으로 건너가 이듬해 봄 조지워싱턴대학에 입학한 이승만은 학업에 열중하면서도 조선의 독립을 위한 임무에 최선을 다했다. 1905년 7월 미국과 일본이 필리핀과 조선에 대한 서로의 지배를 인정하는 밀약을 맺으면서 이승만의 독립 청원은 이루어지지 못했다. 결국 11월 을사조약으로 조선의 외교권은 일본에 넘어갔다. 그러나 그는 절망하지 않고 대학 졸업 후 하버드대 석사와 프린스턴대학 박사 학위를 받아 한인 최초의 국제정치학 박사가 되었다.

이후 이승만은 미국이 한미수호통상조약(1882)에서 맺었던 신의를 저버렸음을 외치면서 미국의 양심을 움직였고, 이 외침이 마침내 미국의 대통령과 지도층을 움직여 1943년 카이로 선언을 통해 조선의 독립을 약속하기에 이르렀다. 이승만의 외교 독립운동이 결실을 맺기 시작한 것이다.

언더우드는 과연 이승만이 장차 새로 태어날 대한민국의 초대 대통령이 될 것을 예견했을까? 그는 추천서에서 이승만이 앞으로 한국과 한국 교회에서 크게 쓰일 인물이라고 밝혔었다. 이승만은 그 후 상해임시정부의 대통령을 역임하고, 주로 미국에서 독립운동을 하며 한국의 이름과 위상을 높이는 데 힘썼다. 해방이 되어 한국에 돌아온 이승만은 대한민국의 초대 대통령이 된다.

- **한성감옥** 조선 시대에는 구치소 형태의 전옥서가 광화문 종각 건너(동아일보사 옆)에 있었고, 이승만이 갇혔던 한성감옥은 배재학당 근처에 있었다. 후에 1907년 일제가 의병 탄압을 위해 서대문감옥을 만들었고, 경성감옥, 서대문형무소로 이름이 바뀌면서 독립운동가를 수감하는 곳이 되었다. 유관순 열사도 이곳에 구금되어 옥사했다. 1919년 3·1 운동 때에는 민족대표 33인을 비롯하여 독립운동에 참여한 수많은 한국 사람들이 이곳에 투옥되었다.

Horace Grant Underwood 1859 -1916

4부

조선의 독립과 복음화를 위해

16.

교회 개척과 YMCA

스스로 전도하고 교회를 세우는 민족

언더우드 선교사는 조선에서 헤아릴 수 없을 만큼 많은 일을 했지만 선교사 본래의 사명은 항상 잊지 않고 있었다. 조선에 온 지 6년째 되던 해 언더우드는 조선에 맞는 맞춤 선교 방법을 실천해 나갔다.

"조선 교인들은 스스로 전도하고 교회를 세워야 합니다. 그리고 교회는 스스로 유지해 나가야 합니다. 다시 말하면 조선인 스스로 교회를 다스려야 한다는 것입니다."

언더우드는 *네비우스 방법이라는 선교 방법을 주장하고 실천해 나갔다. 네비우스는 중국에서 오랫동안 활동한 미국 북장로교 선교사였다. 그는 중국에서의 선교 체험을 바탕으로 『선교 방법』이라는 책을 내고, 효과적 선교를 위한 방법을 제시했다. 그런 네비우스가 마침 서울에 와서 한국의 장로교 선교사들을 만나 그의 전도 방법에 대한 이야기를 전했다. 선교사들은 네비우스 선교사가 들려준 선교 방식에 대해 귀담아들으며 네비우스의 핵심적인 선교 방법에 깊은 공감을 했다.

1) 자신을 필요로 하는 곳이면 어디든 그곳으로 가서 그리스도를 전파해야 한다.
2) 전도자 자신의 생계는 자신이 책임진다.
3) 교회의 운영은 교인 스스로가 감당할 수 있는 범위에서 발전시킨다.
4) 교회는 자격이 있는 사람들을 뽑아 이웃에게 복음을 전파한다.
5) 자신들의 예배당을 스스로 건축한다. 단, 각 교회가 감당할 수 있는 크기의 예배당을 짓는다.

언더우드는 사실 네비우스의 강연을 듣기 이전부터 이미 네비우스 식의 선교를 계획하고 실천하고 있었다. 그러다 네비우스를 만나 자신의 선교 방법에 대한 확신을 가졌다. 하지만 네비우스 선교 방법을 실천하기에 조선의 사정은 만만치 않았다. 언더우드는 어려움을 각오하고 각 지방으로 전도하러 나가서 이 선교 방법으로 교인들을 일깨우고 교회를 세웠다.

새문안교회 역시 철저히 교인들 스스로의 힘으로 헌금, 노력, 봉사 등을 감당하며 교회를 세우고 이끌어 가게 했다. 언더우드의 이런 선교 실천들이 나중에는 한국 선교의 모본이 되었다. 언더우드는 나름의 선교 방식으로 새문안교회 외에도 서교동교회(잔다리교회), 갈현교회, 능곡교회, 영등포교회, 행주교회 등 23개의 교회들을 세웠다.

언더우드는 이른 바 '가난한 자, 낮은 자'를 우선 바라보고 한국 선교를 시작했지만 한국 사람 누구나 복음을 받아들이는 것이 궁극적인 목표였다.

"누구든지 나오시오. 예수님이 기다리십니다. 어서 나오시오."

언더우드의 선교 외침에 조선 사람들은 조금씩 반응을 보였다. 처음에는 부녀자와 아이들, 노인들이 많았다. 당시 조선 말기의 사회는 '양반, 중인, 평민, 천민'이라는 계급이 뚜렷했다. 그중에서 신분이 가장 낮은 천민 취급을 받던 고아나 *갓바치, *백정, 기생 등이 먼저 개신교와 만났다. 그들이 교회에 먼저 나오게 된 것은 양반들이 천주교를 믿었다가 커다란 핍박을 받으면서 서양 종교의 전파가 주춤하던 때와 무관하지 않았다.

당시 양반 등 상류층은 개신교보다 100여 년 앞서 전파된 천주교를 받아들였는데, 제사 거부를 비롯한 조선 풍습에 반하는 여러 이유로 큰 박해를 받았다. 수천 명이나 되는 천주교 신도가 순교를 당하는 엄청난 재앙을 겪기도 했다. 따라서 그런 일을 당한 조선의 상류층 사람들은 서양 종교에 대한 두려움과 거부감이 있었다. 때문에 서양 종교인 개신교에 대해서도 마음의 문을 닫았다.

언젠가 명성황후가 양반집 자제를 위해 신학문을 가르치는 학교를 만들어 달라고 부탁했는데, 당시 양반들이 서양 학문을 더 이상 만나기

원하지 않았던 데도 이런 시대적 배경이 있었다. 비록 황후의 별세로 그 일은 이루어지지 않았지만 언더우드 역시 늘 조선의 상류층 젊은이들을 마음속에 두고 있었다.

양반들을 위해 기독청년회를 만들다

언더우드가 조선에 선교를 펼친 지 10여 년이 흘렀다. 이때 언더우드를 비롯한 선교사들이 뿌린 기독교 복음의 씨앗은 *청일전쟁을 전후로 서서히 피어나기 시작했다. 언더우드는 외세와의 전쟁으로 어지러운 현실을 피하지 않고 나라를 위해 자신의 신념을 보이며 헌신적 태도를 취하는 양반 상류층을 보며 감동을 받았다. 언더우드는 그런 조선의 젊은이들을 통해 희망을 봤다.

"양반들에게도 더 적극적으로 복음을 전파해야겠다."

그러나 언더우드는 막상 전도를 받고 온 양반들이 교회에 쉽게 발을 들여놓기가 어렵다는 걸 알게 되었다. 조선 사회는 곧 신분 사회였기에 양반과 천민이 한자리에 앉아 예배를 드린다는 건 있을 수 없는 일이었기 때문이다.

어떤 날은 양반이 변장을 하고 교회에 나왔다가 자기 집 하인을 보고 당황한 일도 있었다. 설령 그런 것을 다 이해하고 넘어간다 하더라도 대화가 전혀 안 되었다. 당시 조선 사회는 양반네들이 쓰는 언어와 일반 백성이 쓰는 언어가 다른 것이 많았다. 양반들은 공손한 존댓말을 많이 쓰는데, 일반 백성은 그 말을 잘 알아듣지 못했다. 예절과 인사법은 더욱 심했다. 양반과 일반 백성의 상황이 이러하니 교인간의 소통과 친교는 생각할 수도 없었다. 자연히 양반층 사람들은 교회에 나오기를 꺼려 했다. 교회는 세웠으나 누구나 다 나와서 예배를 드린다는 당연한 생각은 이루어질 수 없는 일처럼 보였다. 언더우드는 양반과 일반 백성이 한 교회 안에서 예배를 드리는 일이 쉽지 않음을 새삼 깨닫게 되었다.

'아, 조선의 신분의 벽은 정말 높구나.'

언더우드는 양반과 일반 백성의 차이가 생각보다 심각함을 알고 고민했다.

'한국 사람 누구나 복음을 얻는 나라가 되기 위해선 상류층 사람에게 또 다른 선교 방법이 필요하겠구나. 이건 나에게 큰 과제다.'

언더우드는 머리를 짜내며 상류층 청년들을 교회로 이끌 방안을 생각했다. 당시 서울에는 5만 여 명의 청년들이 살고 있었는데, 그들은 자신의 젊음을 발산할 곳이 없었다. 오늘날과 달리 도서관이나 공원은 물론이고 오락이나 스포츠 활동을 할 곳도 없었다. 그저 사랑방이나 장터 같은 곳에 모여 잡담하고 노름하며 주막이나 드나드는 것이 전부였다.

'그렇구나. 이들만의 공간이 우선 필요하다.'

언더우드는 기독교인이 된 상류층이나 지식인 청년들이 모일 수 있는 모임을 만드는 게 좋겠다고 생각했다.

"그래! 서울에 기독청년회를 만드는 거야."

언더우드는 곧 아펜젤러 선교사를 만났다.

"목사님, 우리가 한번 추진해 봅시다."

"그럽시다. 안 그래도 나도 그런 생각을 하고 있었어요."

언더우드와 아펜젤러는 두 손을 꼭 잡았다. 뜻이 같음을 확인한 두 선교사는 지체할 새 없이 빠르게 움직였다. 언더우드와 아펜젤러 선교사는 자신들의 이름을 내세워 뉴욕에 있는 YMCA 국제위원회에 요청 편지를 보냈다.

"조선에 기독청년회(YMCA)를 설립해 주십시오."

요청서 뒤에는 150여 명의 조선 청년들이 보낸 진정서도 있었다.

"좋습니다. YMCA 국제위원회가 돕겠습니다."

이렇게 하여 한국 땅에 YMCA가 설립되었다. YMCA에 가입하려면 먼저 회원이 되어야 했다. 회원은 정회원, 준회원, 명예회원으로 구분하고, 이사회는 선교사들과 정회원으로 구성했다. 실무 간사로는 영국과 미국에 다녀온 적이 있는 한국인을 두기로 했다. YMCA 회관은 아펜젤러의 집을 사용하기로 했다.

드디어 200여 명에게서 회원으로 가입하겠다는 신청이 들어왔다. 그러나 잘 될 것 같던 일에 제동이 걸렸다. YMCA 설립 소식을 전해들은 고종이 YMCA가 정치적으로 만들어지는 단체라고 오해하여 설립을 허락하지 않은 것이다. 어려움에 부딪힌 언더우드는 아펜젤러와 함께 마침 서울에 와 있던 라이언 선교사를 만났다. 그는 중국 톈진에서 YMCA를 창설한 경험이 있었다. 라이언은 이 상황을 뉴욕에 보고했다. 뉴욕의 YMCA에서는 나중에 노벨평화상을 받은 존 모트가 왕성하게 활동하고 있었는데, 이 소식을 듣고 곧 *질레트를 한국에 보냈다.

YMCA가 절대로 정치적인 모임이 아니라는 것을 보여 주는 데에 적격인 사람이 바로 질레트였다. 질레트는 지식층 젊은이를 잘 다룰 수 있는 인재였다. 독실한 신앙을 가졌으며 다재다능한 사람이었다. 한국에 온 질레트는 언더우드와 아펜젤러의 환영을 받으며 먼저 한국어 공부에 몰입했다. 그가 얼마나 한국어 공부를 열심히 했는지 주일을 제외하고 매일 8시간 넘게 1년 동안 집중적으로 한국어 공부를 했다.

질레트는 한국의 어떤 계층의 젊은이들을 먼저 참여시킬 것인지를 고민했다. 그는 언더우드를 비롯한 선교사들로부터 현장의 사정을 듣고 한국의 상류층 젊은이들과 만나기 시작했다. 그 무렵 조선에는 *독립협회 사건이 생겨 독립협회의 많은 지식인들이 감옥에 들어가게 되었다. 그들 중에 옥중에서 기독교서적을 읽고 기독교를 믿기 시작한 젊은이들이 생겼다. *이상재, *이승만, *윤치호 같은 젊은이들이었다. 질레트는 한국의 젊은 세대를 이끄는 이들이 대부분 투옥됨에 따라 독립협회가 무너지게 되었다는 걸 알았다. 질레트는 독립협회의 주요 인물들을 만나 설득했다.

"YMCA 회원이 되어 주십시오. 그러면 독립협회의 민족운동의 맥이 이어질 수 있게 저와 뉴욕 YMCA가 적극 돕겠습니다."

질레트의 맨투맨 접근 방법과 언더우드, 아펜젤러의 적극적인 노력으로 YMCA에 많은 청년들이 모여들었다.

YMCA 집회에서 복음성가 선교사인 알렉산더와 함께 입장하는 언더우드 선교사, 1909

질레트는 그의 특유의 다정다감함을 살려 YMCA 젊은이들과 함께하며 교감했다.

"여러분, 등산을 갑시다. 성경반도 만들었으니 성경공부해 볼까요? 아, 오후엔 야구도 해야지요."

질레트는 외국 문물과 성경 배우기를 통해, 또 새로운 스포츠나 레크리에이션을 통해 한국 청년들과 활기차게 어울렸다. 야구, 농구, 스케이트는 질레트가 한국에 처음 전해 준 스포츠였다. 언더우드는 YMCA를 통해 교회로 오고자 하는 상류층 젊은이를 향해 교회 문을 활짝 열었다. YMCA는 빠르게 활성화되고 성장해 나갔다. 한국 젊은이들의 꿈과 희망도 함께 성장해 나갔다.

서울에 우뚝 선 YMCA 회관

1908년 질레트는 미국의 뜻 있는 사람들로부터 지원을 받아 종로2가에 YMCA 회관을 지었다. 서울 종로 한복판에 회관이 우뚝 서게 된 기쁨은 이루 말할 수 없었다. YMCA 개관식 날 언더우드는 깊은 회환에 눈시울을 붉혔다.

'아, 아펜젤러 목사님, 보고 계십니까?'

급작스럽게 별세한 아펜젤러 선교사의 눈물과 땀이 밴 YMCA를 바라보는 언더우드는 기쁘면서도 가슴이 아팠다. 언더우드는 자신의 두 다리와 발을 내려다보았다. 그러자 다시 왈칵 솟는 눈물이 시야를 흐렸다. 언더우드는 YMCA 회관을 건축할 터를 마련하기 위해 발에 물집이 생길 정도로 찾아다니며 애를 썼던 일을 떠올렸다.

언더우드는 YMCA 이사가 되어 YMCA에서 이루어지는 모든 활동을 함께했다. 이렇게 시작된 기독청년회는 한국의 젊은이와 상류층 복음화를 위한 출발점이 되었다.

언더우드는 YMCA 활동을 통해 평생의 뜻인 한국에 대학을 세우는 일이 한 발자국 더 가까이 왔음을 알았다. 언더우드는 YMCA 회관 안에 대학반을 만들어 강의를 시작했다. 세계의 앞선 새 학문이 들어오는 한국에, 전문 학문을 익힌 지식인을 직접 길러내는 일에 적극 나서게 된 것이다. 언더우드가 YMCA에서 시작한 '조선기독대학'은 나중에 연희전문학교로, 그리고 연희대학교를 거쳐 오늘의 연세대학교가 되었다.

종로 YMCA 건물에서 시작된 연희전문 창립기념 사진(앞줄 왼쪽에서 11번째가 언더우드 선교사). 1915

이처럼 하나님은 언더우드와 아펜젤러, 그리고 질레트를 통해 YMCA를 세우고 한국의 청년들을 구원하심은 물론, 한국의 인재를 많이 배출함으로써 나라 발전에 크게 역사하셨다.

- **네비우스** 네비우스는 미국 북장로교 선교사로서 중국으로 파송되어 양자강, 산동성 일대에서 선교 사역을 했다. 그가 61세 되던 안식년에 서울에 와서 당시 언더우드를 비롯한 20대의 젊은 선교사들과 선교 전략에 관한 토론을 했다. 그는 교회의 자립(自立), 자치(自治), 자전(自傳)의 3자 원칙을 강조했다.
- **갖바치** 예전에 가죽신 만드는 일을 직업으로 삼던 사람을 말한다.
- **백정** 예전에 소와 돼지 따위를 잡는 일을 직업으로 삼던 사람을 말한다.
- **청일전쟁** 1894년 조선은 동학농민운동이 확산되고 관군이 패하자 청에 원군을 요청했고, 침략의 기회를 엿보던 일본은 청의 조선 진출에 반대하며 우리 땅에서 청과 전쟁을 벌였다. 이 전쟁에서 일본이 승리했고 청일전쟁 이후 일본은 조선 내정에 적극 간섭하며 조선에 대한 권한을 서서히 독차지하기 시작했다.
- **질레트** 미국 YMCA 전문학교를 졸업한, 조직과 행정력이 뛰어난 선교사이다. 1908년 12월 3일에 한국에 YMCA 회관을 건립하는 역할을 했으며, 한국의 YMCA 발전에 크게 기여했다. 후에는 상해에 머물면서 한국의 독립운동을 지원했다.
- **독립협회** 1896년 7월 2일, 서울에서 조직되었다. 당시 우리나라를 위협하던 외국 세력으로부터 나라를 지키고 스스로 힘을 키워 자유로운 나라를 만들자는 뜻을 가지고 민족주의, 민주주의, 근대화운동을 전개한 우리나라 최초의 근대적인 사회 정치 단체이다.

- **이상재** 독립협회 회원이며 1898년에 일어난 만민공동회에서 지도자 역할을 맡았다. 3·1 운동에 적극 나섰으며 그로 인해 일본 경찰에 체포되어 6개월간 감옥에서 옥고를 치렀다. 한국보이스카우트연맹의 초대 총재를 지냈고 조선일보 사장을 역임하면서 다양한 사회운동을 했다.
- **이승만** 아펜젤러가 세운 배재학당에서 신문학과 영어를 배운 뒤 미국으로 건너가 한국 최초로 박사 학위를 받았다. 기독교로 개종하여 양반 출신관료와 지식인들에게 기독교를 전했다. 독립협회와 YMCA에서 일하며, 독립운동가로 활동했다. 상해 임시정부 초대 대통령과 대한민국 초대 대통령을 지내며 국가의 초석을 다졌다. 한국 전쟁(6·25 전쟁)에서 자유민주주의를 지키는 데 힘썼다.
- **윤치호** 독립협회 회원으로 평양의 대성학교를 설립했다. 일본의 조선총독부가 기독교 세력을 말살하기 위해 날조한 '105인 사건'의 주모자로 감옥에 갇혔다. 석방된 후 연희전문학교 교장, YMCA의 이사와 부회장을 지냈으며 세계주일학교 한국지회 회장으로 일했다. 애국가의 작사자로도 알려져 있다.

17.

조선 왕실과 함께한 시간

왕실 사람들을 향한 전도

이 땅의 모든 사람을 전도 대상으로 생각한 언더우드 선교사에게 왕실도 예외일 수는 없었다. 언더우드는 왕실 사람들의 영혼을 위해 기도했다. 언더우드는 왕실 사람들에게 선교할 기회를 기다리고 있었다. 그러던 중 콜레라 창궐로 죽는 사람들이 많아지자 자신의 목숨을 아까워하지 않고 앞장서서 조선 백성을 돕는 선교사들의 희생에 조선 왕실은 적잖이 놀랐다.

"선교사들은 진실로 남을 돕는 사람들이로구나."

고종 임금은 평소에 경계심을 보였던 선교사들에게 조금씩 마음을 열었다. 특히 고종은 언더우드와 친하게 지냈다.

"당신은 내 형제와 다름없소."

고종은 많은 사람들 앞에서 언더우드를 형제라 불렀다. 고종과 가까워진 언더우드는 고종의 통역을 맡기도 했다. 고종은 기독교 역사와 발전 과정에 대해 물었고, 나라의 복지와 지방 지도자들에 대해 언더우드와 이야기를 나누기도 했다.

"선교사님! 호턴 부인께서 우리 중전의 건강을 잘 돌봐 주니 참 좋습니다."

언더우드와 가까워진 고종은 허물없이 말을 나누기도 했다.

왕비도 호턴 여사를 궁궐로 불러 궁금한 것에 대해 이것저것 물어보며 지냈다. 외국은 어떤 풍습이 있으며, 어떤 생활을 하며 사는지 물었다. 특히 크리스마스에 대해서는 궁금증이 아주 많았다.

"크리스마스는 예수님이 태어나신 날이라서 기쁜 날인 건가요? 그날은 서로 선물을 나누며 기뻐한다지요. 참 신기합니다."

얼마 후, 왕비는 크리스마스가 되자 호턴에게 선물을 보냈다. 아름다운 가마에 옷감, 수공품, 엄청난 양의 달걀, 꿩, 생선, 땅콩, 대추 등 갖가지 물건들이 한가득 담겨 있었다. 또 설날에는 "돌보고 있는 어린아이들에게 좋아하는 물건을 사 주세요."라고 하며 많은 돈을 보내기도 했다. 그러면서 왕비는 점차 기독교에 관심을 보이기 시작했다. 왕실에선 언더우드 부부를 고맙게 여기며 겨울이 되면 선교사들을 초대해 궁궐 연못에서 함께 스케이트를 타기도 했다.

"중전마마, 스케이트라는 게 정말 신기합니다. 칼날이 있는 신을 신고 얼음 위로 쌩쌩 달리는 게 정말 정신이 다 어지럽습니다."

나인들이 왕비 앞에서 호들갑을 떨자 왕비는 환하게 웃으며 "그래? 나도 한 번 봐야겠구나." 하며 즐거워했다. 고종과 왕비와 가깝게 지낸 덕에 언더우드는 조선 정부의 권력 있는 사람들을 많이 알게 되었다.

그럴 즈음 1894년 나라에 커다란 사건이 연달아 일어났다. 6월에 청일전쟁이 일어났고, 국내에서는 *동학농민운동이 일어났다. 이어 7월에는 *갑오개혁이라는 정치적 큰 변화가 생겼다. 선교지 조선의 앞날이 바람 앞의 등잔불처럼 불안했다. 선교사들은 눈앞에서 조선이라는 나라가 심하게 흔들리는 것을 똑똑히 볼 수 있었다.

"아, 조선이 이렇게 힘들어지면 안 되는데…."

언더우드를 비롯한 선교사들은 조선이 처해 있는 상황을 놓고 많은 걱정을 했다. 그러던 중에 엄청난 비극이 일어나고 말았다. 청일전쟁에서 승리한 일본은 조선을 제멋대로 휘두르려 했다. 이에 맞서 왕비인 민비가 호락호락 넘어가지 않자 민비를 눈엣가시처럼 여겼다. 그리고 어느 가을 밤, 민비를 벼르고 있던 일본이 치밀한 계획 하에 어둠을 뚫고 폭도들을 궁궐로 잠입시켰다. 일본 폭도들은 궁궐에서 민비를 향해 무자비하게 칼을 휘둘렀고 입에 담을 수 없을 만큼 잔인하고 야만스럽게 민비를 시해하고 말았다. 이날이 1895년 10월 8일이었고, 이를 을미사변이라 일컫는다.

"중전마마가 돌아가셨습니다."

끔찍한 사건을 알게 된 조선 백성들은 너무나 큰 충격을 받았다. 일본 폭도들에 의해 왕비가 시해되었다는 소식에 고종의 충격은 어마어마했다. 왕비가 시해당한 후 왕궁은 공포의 도가니가 되어 버렸다.

왕비가 죽었다는 소식이 전해지자 분노한 백성들이 고종을 구하겠다고 궁 안으로 마구 들어오려 했다. 그런데 고종은 궁궐로 들어오려는 사람 중에 일본 폭도들이 섞여 있을 거라 의심했다. 고종의 공포와 불안은 극에 달했다. 상황이 이렇게 되자 평소 고종으로부터 친절과 호의를 받아온 언더우드와 몇몇 선교사들이 왕을 도우려고 나섰다.

"이 음식은 언더우드 집에서 만들어 온 것입니다."

고종은 궁중에 있는 어떤 신하도 믿으려 하질 않았다. 당시 일본이 고종까지 시해하려 한다는 소문이 돈 데다가 궁궐의 음식에 독을 집어 넣었을지 모른다는 생각에 절대 음식을 입에 대지 않은 것이다. 그러나 언더우드의 집에서 만든 음식이라고 하면 그제야 안심하고 먹었다. 이리하여 고종은 언더우드의 집과 러시아 공사관에서 만든 음식만 먹었다. 러시아는 그때까지 조선 왕실에 아주 좋은 인상을 주려고 노력했고, 일본과 청나라 사이에서 중립을 지키고 있었다.

고종의 곁을 지킨 언더우드

"여보, 난 오늘도 궁궐에서 자고 올지도 모르니 그리 아세요."

부인인 호턴에게 연락한 언더우드는 미국 공사의 통역을 맡으며 한밤중에 궁궐을 지켰다. 언더우드는 위험에 빠진 고종의 안전을 위해 밤

낮으로 왕의 주변을 떠나지 않았다. 그러나 일본의 위협을 더 이상 견디지 못한 고종은 러시아 공사관으로 몸을 피하고 말았다. 1896년 2월 11일에 일어난 일로, 이를 아관파천이라 한다.

이러한 사건들은 쇠락해 가는 조선의 모습을 여실히 보여 주는 것이었다. 갈수록 선교 상황도 어려워졌다. 그러던 중 언더우드에게 한국 선교에 큰 도움이 되는 일이 생겼다. 바로 고종의 생일을 축하하는 일이었다. 특히 이번 생일은 의미가 달랐다. 주변 강대국들이 조선을 둘러싸고 있는 상황에서 나라가 강한 힘을 가져야 한다는 사실을 뼈저리게 느낀 고종이 조선을 황제의 국가로 선포한 것이다.

"짐은 이제 우리나라 조선이 대한제국임을 선포하노라."

황제의 나라가 되면 주변 열강과 대등한 위치를 갖게 된다는 의미가 있었다. 조선이 황제의 나라가 됐으니 조선을 둘러싼 열강들은 조선에게 황제 나라에 맞게 대하라는 고종의 의지가 담긴 선포였다. 이런 때에 고종황제의 생일 축하 행사는 외세에 신음하던 조선 백성들에게는 힘이 솟는 일이었다. 언더우드는 고종황제의 생일 축하 행사를 통해 기독교를 널리 알리려는 계획을 했다.

언더우드 선교사가 창간한 주간 신문인 〈그리스도 신문〉, 1897

"이번 탄신일 행사에 우리 기독교인들이 나라에 충성된 모습을 보입시다. 그리고 기독교를 널리 알립시다."

기독교 선교가 금지되고 있는 상황이라 다소 위험했지만 고종황제의 신뢰를 받고 있는 언더우드로서는 이런 선교의 기회를 놓칠 수 없었다.

드디어 언더우드와 뜻을 같이한 아펜젤러와 한국에 와 있는 선교사들이 고종황제의 만수무강을 기원하는 만수절 행사를 개최했다. 식장은 천 명 이상 모일 수 있는 장소를 마련했다. 만국기가 바람에 펄럭이고 정부 관리들을 비롯하여 많은 지도급 사람들이 초청되었다. 언더우드는 이날에 맞춰 그가 창간한 〈그리스도 신문〉에 다음과 같은 내용의 창간사를 썼다.

> 교회가 임금을 섬기기를 극진히 하여 기독교인이 나라에 충성한다는 모습을 보이라.

언더우드는 신문과 순서지를 만들어 행사 전에 미리 배포했다. 순서지에는 찬양가도 실렸다.

> 높으신 상주님(하나님),
> 자비로운 상주님, 긍휼히 보소서.
> 이 나라 이 땅을 지켜 주옵시고,
> 오 주여, 이 나라를 보우하소서.
> 우리 대군주 폐하(고종) 만세 만만세로다.
> 복되신 오늘날 은혜를 내리사

만수무강하게 하여 주옵소서.

(새찬송가 70장 곡조)

이날 초만원으로 이루어진 축하 행사는 찬송과 기도로 시작하여 설교와 축가로 진행되고 주기도문으로 끝났다. 설교의 내용은 오직 하나이신 하나님을 섬김으로써 나라가 번영한다는 것이었다. 언더우드가 하나님의 권능을 공개적으로 선포하면서도 많은 사람들에게 호의적인 반응을 얻은 특별한 날이었다.

"오, 하나님 감사합니다!"

언더우드는 감격에 겨워 소리쳤다. 그의 얼굴에는 한없는 은혜의 행복이 서려 있었다.

'아, 이런 날이 올 줄이야.'

사람들이 경건하게 기도문을 외우는 장면을 보면서도 믿어지지가 않았다. 언더우드는 몇 번이고 복받쳐 오르는 감정에 가슴을 치며 감사기도를 드렸다. 기독교를 금하는 나라에서 공식적인 예배 행사를 하게 된 사실에 언더우드는 놀람과 감격으로 말을 이을 수가 없었다. 이날 행사는 한국에 기독교의 존재를 강하게 인식시킨 일이 되었다.

언더우드의 부인 호턴은 민비 시해 사건 이후에도 고종의 다른 왕비의 주치의가 되어 계속 왕실과 친분을 가졌다. 언더우드는 고종의 아들 의화군을 미국으로 유학 보내는 일을 추진했다. 고종은 나라가 위태롭고 충격적인 사건이 연이어 터질 때 아들 의화군을 한동안 언더우드의 집으로 피신하도록 했다. 이런 이유로 일본 경찰은 왕실과 가까우며 왕실의 일을 은밀히 도와주는 언더우드를 감시하며 미행했다. 고종은 의화군이 미국에 가서 사관학교 교육을 받게 되기를 바랐다. 언더우드는 미국 해외선교부에 요청했다.

"왕자가 미국의 대학에 갈 준비를 몇 년째 했습니다. 그리고 대학을 마치면 웨스트포인트 육군사관학교에 1년 정도 다닐 수 있도록 해주십시오."

그러나 일본은 왕자의 미국 유학을 교묘히 막았다. 그리고 언더우드의 일에 사사건건 트집을 잡고 은근히 위협을 주면서 괴롭혔다. 결국 의화군은 언더우드와 동행하지 못하고 어느 가톨릭 신자와 함께 미국으로 갔다.

언더우드는 그 후로도 황실과 계속 우호적으로 지냈다. '한국 사랑'과 '기독교 국가 한국'을 소망하는 언더우드의 그칠 줄 모르는 선교적 사명이 요동치고 있었기 때문이다.

- **동학농민운동** 1894년, 전라도 고부의 동학 접주 전봉준 등을 지도자로 동학교도와 농민들이 합세하여 일으킨 농민운동이다. 부패한 관리 처벌과 국가개혁을 내세우며 1년간 정부와 대치했다. 농민군은 진압을 위해 개입한 일본군과 치열한 전투를 벌였으며 홍주성 전투는 대단히 규모가 큰 전투였다. 이 밖에도 해미성 전투, 매현 전투 등을 거치면서 세력이 약해진 가운데 지도자 전봉준의 체포와 교수형으로 농민운동은 실패로 끝난다. 그러나 여기에 참가한 동학농민군은 뒤에 항일의병항쟁의 중심 세력이 되었고, 그 맥락은 3·1독립운동으로 계승되었다.
- **갑오개혁** 1894년(고종 31년) 7월부터 1896년 2월까지 추진되었던 개혁운동을 말한다. 동학농민운동이 일어난 후 일본군이 경복궁에 들어와 조선 왕실을 무너뜨리고 군국기무처란 기구를 설치한 후 개화파를 중심으로 추진한 개혁이다.

18.

기억이 머무는 곳에

유럽으로 떠나는 안식년

"콜록콜록."

언더우드 선교사가 연신 기침을 하자 선원이 걱정이 되어 말을 꺼냈다.

"바람이 찹니다, 선생님. 선실 안으로 들어가시지요."

언더우드는 약간 멋쩍은 표정을 짓다가 살짝 웃으며 고개를 끄덕였다. 하지만 그 자리에서 움직이진 않았다. 지금 그가 탄 배는 망망대해를 지나고 있었다.

"휴우, 휴우."

언더우드는 가볍게 숨을 들이마셨다가 내쉬었다. 냉기를 띤 대양의 바람이 높은 배 갑판 위로 올라와 언더우드의 하얀 머리카락을 자꾸 흐트러뜨렸다. 언더우드는 서울에서 의사가 한 말을 떠올렸다.

"더 이상 무리하시면 안 됩니다. 어디 공기 좋은 곳에서 휴식을 취하셔야 합니다."

의사는 약해질 대로 약해진 언더우드를 보고 걱정스러운 표정을 지었다.

"선교사님, 안식년이 되었으니 이번 기회에 스위스 같은 곳으로 가서 휴양하고 오십시오."

언더우드의 건강을 걱정하는 많은 사람들이 언더우드에게 쉴 것을 권했다. 사실 언더우드는 지난해 혹독한 감기에 걸려 고생을 했다. 후두염까지 겹친 감기로 목이 붓고 열이 나고 기침까지 심해져 무척 고통을 받았다. 게다가 불면증까지 와서 잠을 제대로 잘 수 없으니 생활하기가 여간 힘든 게 아니었다.

언더우드의 몸은 날이 갈수록 쇠약해졌다. 그러나 교회 담임목사 직분을 그냥 내려놓을 수는 없었다. 또한 그를 기다리는 모든 선교 업무도 소홀히 할 수 없었다. 하지만 건강이 점점 안 좋아지는 것이 역력해지자 사람들은 저마다 걱정을 하며 언더우드를 바라보았고, 그들의 간곡한 부탁에 언더우드는 결국 가족과 함께 안식년을 보내기로 마음먹었다. 한국에 와서 세 번째로 맞는 안식년이었다.

언더우드의 나이는 어느덧 47세가 되었다. 이번 휴가는 1, 2차 안식년 휴가와 달리 유럽으로 향했다. 언더우드 부부는 중국 상해를 거쳐 인도양과 홍해를 지나 지중해로 들어가서 이탈리아에 들렀다가 스위스로 갈 계획이었다.

별처럼 반짝였던 20년의 세월

언더우드는 뱃전에 기대어 끝없이 가물거리는 수평선을 바라보았다. 문득 지나온 세월들이 바다 물결 위로 어른거렸다. 26세 청년의 몸으로 한국에 온 지 20여 년이 흘렀다. 정신없이 달려온 시간이었다. 한 시간이라도 허비할까 봐 신경 쓰며 살았던 시간이었다. 열강들 틈에서 휘청거리는 조선의 현실이 아직 나아진 것은 아니지만, 자신을 비롯한 선교사들과 교인들의 믿음과 땀으로 한국 개신교회가 세워지고 교회 부흥이라는 큰 변화를 이루게 된 사실에 감사하지 않을 수 없었다.

언더우드는 잠시 눈을 감았다. 찝찔한 바닷바람이 얼굴에 와 닿았다. 그의 머릿속에 뱅뱅 도는 많은 일들이 파노라마처럼 펼쳐지는 것을 느꼈다.

"선교사님, 저에게 축복을 주십시오. 지금부터 예수님을 구주로 믿겠습니다."

서북지방 순회전도에서 만났던 많은 조선의 교인들, 곳곳에서 그들에게 세례를 주고 교회를 세우던 일, 어려움 속에서도 끈질긴 생명력을 잃지 않고 살아가는 사람들, 그들과 함께 지냈던 일들이 연이어 떠올랐다.

"조금도 지체하지 마십시오. 속히 환자를 이송해야 합니다. 급합니다, 급해요."

창궐한 콜레라에 맞서며 자신의 휴양소를 콜레라 병원으로 내주어 사람들을 진료하게 하던 일, 그리고 그런 상황에서도 병자들과 그 가족들에게 나누어 준 전도지….

"너무 밀려 와서 더 이상 발 디딜 틈도 없어요. 교회를 더 크게 지어야겠어요."

정동 자신의 집에 세웠던 정동교회(새문안교회)가 밀려오는 교인들로 인해 비좁아서 더 이상 예배를 드릴 수 없을 때 지르던 즐거운 비명들, 새문안교회 교인들이 자발적으로 건축헌금을 마련하여 경희궁 맞은편에 새 교회 건물을 건축한 일, 그때 단내 나던 입을 다물지 못한 채 감격하여 흘렸던 땀과 눈물들, 언더우드의 전도 방식에 의해 한국인 스스로 자기 교회는 자기 손으로 짓는다는 의지가 완성되던 날, 그런 뜻을 알게 된 왕실에서 교회 건축에 쓰라고 건축비 일부를 보내왔던 일도 잊을 수 없는 한 장면으로 어른거렸다. 교회를 건축하고 교회 이름도 정동교회에서 새문안교회로 바꾸던 날의 그 함성들, 그 성도들의 감격어린 소리들….

"오늘은 첫 제직회를 열겠습니다."

"오늘은 청년회를 조직했습니다."

"오늘은 송순명 씨를 새문안교회 장로로 세우고 첫 당회를 열었습니다."

"오늘 첫 주일학교를 열었습니다."

"오늘 우리 교회 첫 *사경회를… 첫 구역예배를… 첫 여전도회를….."

모든 것이 처음으로 이루어지는 교회 성장에 감격하여 울고 웃던 시간이 수없이 떠올랐다.

"여보, 저는 이 새 집이 맘에 들어요."

남대문 밖 복숭아골로 이사한 집이 맘에 들어 활짝 웃던 호턴 부인. 언더우드는 처음 조선에 와서 20년 가까운 세월을 보냈던 정동 집을 떠나는 마음이 허전했다. 하지만 부인과 아들(원한경)이 좋아하니 같이 좋아했다.

"새롭게 나무 심고 서양식 건물로 단장하니 복숭아골 언더우드의 집은 늘 아늑했었지."

호턴 여사의 회고담이다. 언더우드 부인인 호턴 여사는 이 집에서 평생 살았다.

언더우드는 39세 되던 해에 평양에서 우리나라 최초로 사경회를 열었다. 또 언더우드는 〈조선 그리스도인 회보〉를 창간하여 나중에 〈그리스도 신문〉으로 발전시켰다. 그리고 조선교회협회장으로 뽑혀 한국 교회 발전과 통합을 위해 열심히 일했다.

언더우드는 또 재한복음주의 선교부 통합공의회의장이라는 큰 책임을 맡아 복음 전파와 한국 교회 통합을 위해 애썼다.

"언더우드 선생님에게 훈장을 내리도록 하시오."

고종황제는 그동안 황실과 한국의 개화를 위해 애썼다고 언더우드에게 훈장을 주었다.

두 번째 안식년인 1901년에는 미국으로 가는 길에 영국에 들러 한국판 성서를 발행하는 데 재정적으로 지원해 준 *영국성서공회를 방문했다.

"감사합니다. 한국 사람들은 정말 성경을 사랑합니다."

언더우드는 도움을 준 것에 대한 감사의 인사를 빠뜨리지 않았다.

미국에서는 조금도 쉬지 않고 전도 일정을 잡아 각 도시를 돌아다니며 한국을 소개하는 강연을 했다. 모교인 뉴욕대학 졸업식에서는 설교를 했다. 그리고 미국 선교부 총회가 주선하여 *카네기홀에서 수많은 사람들이 모인 가운데 한국 선교 사업에 대한 강연도 했다.

'난 쉴 시간이 없다. 더 많은 사람들에게 한국 선교에 대해 알려야 한다.'

언더우드는 고된 몸과 맘을 쉬어야 할 안식년까지도 결코 가만히 있지 않았다.

그렇게 쉴 새 없이 선교 활동을 펼친 언더우드에게는 20여 년 선교 세월이 순간순간 아름다운 별빛처럼 머릿속에서 빛났다.

"여보, 바닷바람 계속 쐬면 안 좋아요. 이제 객실로 들어가요."

호턴 여사가 다가오며 언더우드의 팔짱을 꼈다. 호턴 여사를 따라 온 바닷바람이 두 사람 사이로 끼어들어 한바탕 옷자락을 펄럭이더니 망망한 바다 위로 사라졌다. 언더우드는 미소를 띠고 부인을 바라보다 얼굴을 돌려 넓은 바다를 향해 두 팔을 번쩍 들어올렸다. 마치 '저 망망한 선교의 바다를 난 힘차게 헤쳐 나갈 거야!'라고 다짐이라도 하듯이.

언더우드를 부축하며 다정히 걷는 호턴 여사도 몇 년 전에 흥미로운 책을 하나 썼다. 『상투잡이와 함께 보낸 15년』이라는 책이었다. 수많은 역경을 겪으면서 선교와 교육, 한국 사회의 발전을 위해 헌신했던 언더우드를 남편으로 만나 함께 살면서 겪은 부인의 삶과 신앙의 체험 이야기이다. 그 책 속에는 그녀와 언더우드의 온갖 어려움과 고난, 기쁨

언더우드 호턴 여사가 언더우드의 삶과 한국 생활에 대해 쓴 책들

과 감격, 하나님의 위대하신 역사, 섭리하심이 잘 나타나 있다. 호턴 여사는 그 후에도 몇 권의 책을 집필하여 세상에 내놓았다.

"그럽시다. 이제 들어갑시다."

언더우드는 스며드는 바람에 목을 다시 한번 움츠리더니 부인과 나란히 갑판을 걸어갔다. 인도양 드넓은 바다 위에는 하얀 너울 파도가 넘실거리고 있었다.

- **사경회** 일정한 기간 동안 교인들이 성경 공부를 하는 모임이나 집회를 말한다.
- **영국성서공회** 세계 모든 사람들에게 그 나라 말로 번역된 성경을 싼 가격으로 보급하는 일을 하는 세계적 기구이다. 1804년에 설립되었으며 런던에 있다. 영국성서공회는 여러 나라의 성서공회에 재정을 지원해 주기도 한다.
- **카네기홀** 대부호이자 자선 사업가였던 '앤드류 카네기'(Andrew Carnegie)가 1890년에 건립한 콘서트 홀이다. 석재로만 짓고 건물 벽체를 매우 두껍게 만들어 음향 시스템이 뛰어나다. 세계적인 음악가가 되기 위해서는 이곳에서 한 번쯤 콘서트를 해야 한다고 생각할 정도로 카네기홀은 전 세계 음악가들이 그리는 '꿈의 무대'이기도 하다.

Horace Grant Underwood

19.

병마와 싸우며 버텨낸 순간들

자연에서의 휴식

언더우드 선교사 부부를 실은 기선은 인도양을 건너 홍해로 접어들었다. 기나긴 항해에도 늘 거뜬했던 언더우드가 이번 여행에서는 과로 탓인지 그리 즐겁지만은 않았다. 언더우드는 긴 항해가 답답해서 자꾸 선실 밖으로 나가려 했다.

"여보, 여긴 홍해예요. *양쪽 대륙에서 건조한 모래바람이 불어와 몸에 좋지 않다니까요."

호턴 여사는 언더우드 선교사의 뒤를 바짝 붙어 따라다니며 말했다. 건강이 날이 갈수록 나빠지는 남편을 바라보는 그녀의 얼굴에 수심의 그림자가 서려 있었다.

기선은 숨 가쁘게 뱃고동을 울리며 홍해를 거슬러 올라갔다. *수에즈 운하에 가까이 오자 수평선 위로 가물거리던 양쪽 대륙의 육지가 점점 뚜렷이 보였다. 잠시 후 아라비아의 모래 구릉들이 눈에 들어왔다. 언더우드는 뱃전에서 스쳐가는 운하를 보며 모세가 이스라엘 민족을 이끌고 홍해를 건넌 일을 떠올렸다. 하나님의 약속이 430년 만에 이루어진 이스라엘의 역사와 하나님의 섭리. 언더우드는 지그시 눈을 감고 묵상했다.

'하나님, 제가 조선에 와서 한 모든 일들이 주님께서 섭리하신 것입니까?'

언더우드는 숙연한 마음으로 묵상했다. 수에즈 운하의 좁은 길로 배가 미끄러지듯 지나갔다. 수에즈 운하를 벗어나자 다시 망망한 지중해가 눈앞에 펼쳐졌다. 지중해의 싱그러운 바람이 불어왔다. 지중해의 바람은 기분을 상쾌하게 해주었다. 언더우드는 선실로 들어가자는 부인 호턴 여사의 말을 듣지 않고 오랫동안 뱃전에 서 있었다. 잠시 후, 언더우드는 갑자기 비틀거리며 쓰러졌다.

"배 안에 의사가 없나요? 의사를 찾습니다!"

놀란 호턴 여사가 선장에게 달려갔다. 선장은 사태가 위급함을 알아채고 선내 방송을 통해 의사를 찾았다. 다행히 배 안에 미국인 의사가 있었다.

"너무 과로하신 듯합니다. 몸과 마음을 편안하게 가지세요."

언더우드를 진찰한 의사는 괜찮다는 뜻으로 웃으면서 말했다. 다들 가슴을 쓸어내렸고, 언더우드의 얼굴에도 다시 온화한 표정이 감돌았다.

이탈리아 제노바에 내린 언더우드 부부는 기차를 타고 스위스로 향했다. 언더우드가 스위스에 온다는 소식을 들은 친척들이 루싼이라는 마을에서 언더우드를 기다렸다. 형 존도 먼저 와 있었다. 존은 언더우드의 한국 선교에 재정적으로 많은 도움을 주고 있었다.

"형, 오랜만이에요."

언더우드가 먼저 인사하자 존이 다가오며 언더우드의 손을 덥석 잡았다.

"오, 한국의 선교사님."

형은 언더우드의 등을 가볍게 치며 반가움을 표현했다.

형의 가족과 언더우드 부부는 높은 알프스 산맥에 둘러싸인 어느 산장으로 가서 짐을 풀었다. 눈 덮인 알프스 봉우리들과 끝없이 이어진 깊은 골짜기가 보기에도 아득했다. 양지바른 푸른 잔디밭에서 한가로이 풀을 뜯는 소와 양들이 평화로워 보였다.

"아, 좋구나. 정말 좋아. 기분도 상쾌하고 몸이 벌써 거뜬해지네."

언더우드는 알프스 산기슭에 있는 숙소에서 건강 회복을 위해 힘썼다. 언더우드는 가볍게 조깅도 하며, 시시각각 변하는 아름다운 알프스 풍경을 감상했다. 그러다 힘들면 산책길도 걸었다. 한 발자국씩 걸을 때마다 알프스의 흰 눈 봉우리들이 서로 비켜서서 언더우드를 보며 반기는 것 같았다.

가을이 되자 언더우드는 만성 피로에서 벗어나 건강을 조금씩 되찾았다. 언더우드가 모처럼 휴식을 취한 알프스에서의 생활은 후딱 지나갔다.

류머티즘의 재발

두 달 뒤 존의 가족이 미국으로 떠나고 언더우드는 다시 루싼으로 내려왔다.

"어, 여보, 내 몸이 이상해요."

산 아랫마을로 내려온 지 며칠 안 되어 언더우드의 입에서 앓는 소리가 새어 나왔다.

"여보, 왜 그래요?"

놀란 호턴 여사가 다가왔다.

"몸을 움직이기가 어려워요. 여기저기 마구 쑤시고."

언더우드는 퉁퉁 부어오른 팔다리를 보여 주었다.

"어머, 류머티즘이 재발했나 봐요."

"콜록 콜록 콜록."

"저런, 기침까지 도졌네."

호턴 여사는 서둘러 짐을 싸기 시작했다.

"안 되겠어요. 장소를 옮겨 치료를 받아야겠어요."

언더우드 부부는 지중해에 있는 프랑스 남부 휴양 도시인 칸느로 갔다. 칸느에 도착했을 때 언더우드는 류머티즘이 더 심해지고 설사까지 했다. 부스럼이 나고 퉁퉁 부은 양손을 들고 언더우드는 매우 고통스러워했다. 언더우드 부부는 오직 기도밖에 할 것이 없었다.

"주님, 제 몸을 성하게 하사 다시 선교의 도구로 써 주십시오. 간절히 원합니다."

언더우드는 아픔을 견디며 엎드려 기도했다.

"목사님, 이곳 칸느에 좋은 병원이 있대요."

어느 날 호턴 여사가 밖에 나갔다가 한달음에 달려와 소식을 전했다. 다행히 칸느에는 언더우드를 괴롭히는 병을 치료할 수 있는 병원과 요양소가 있었다. 그곳에서 치료를 받으며 언더우드는 가까스로 건강을 회복하기 시작했다.

건강이 확실히 회복되자 언더우드 부부는 프랑스 파리를 거쳐 미국으로 갔다. 이번엔 꼭 쉬어야 한다는 의사의 말을 까맣게 잊은 듯 언더우드는 전보다 더 열성적으로 선교 보고 활동을 했다.

"한국에는 더 많은 선교사가 필요합니다. 한국 선교의 기회를 놓치지 마십시오."

언더우드의 진심 어린 주장은 미국 사람들의 마음을 움직였다. 언더우드는 한국 선교에 관심 있는 여러 인사들과 만나 한국에 실질적인 선교 방법이 무엇인지에 대해 의논했다. 이런 노력이 후에 미국이 한국에 더욱 적극적인 선교를 하게 되는 계기가 되었다.

거의 매일 전국을 다니며 한국 선교에 대해 역설하던 언더우드는 다시 건강이 나빠지기 시작했다. 그런 중에도 언더우드는 『한국의 호소』라는 책을 지었다. 이 책에서 언더우드는 '한국에서는 기독교가 빠른 시간 안에 크게 팽창하고 있는데 일꾼이 부족하다'고 주장했다.

3년여의 안식년을 마치고 다시 한국으로 돌아온 언더우드는 많은 기부금을 가지고 왔다. 언더우드의 선교 이야기를 듣고 여러 사람들이 감동하여 보낸 선교 헌금이었다.

"이 기부금을 평양의 중학교, 신학교, 병원으로 보내십시오. 또 강계, 선천의 학교에도 보내 주고요. 그리고 서울에 있는 학교와 *조선성교서회에도 보내 주세요."

언더우드는 받은 기부금을 서둘러 필요한 곳으로 보냈다.

일본의 조선 침탈

언더우드가 세 번째 안식년을 맞아 떠나 있는 동안 조선은 엄청난 격동 한가운데 있었다. 자주 독립을 외치며 나라 이름을 '대한제국'으로, 왕을 '황제'로 바꾸었지만 사실상 일본의 강압적인 침략 정책에 따라 대한제국은 점점 일본의 손아귀 안으로 들어가고 있었다.

일본은 *러일 전쟁에 승리하면서 대한제국과 *을사조약을 맺었다. 이 조약은 일본이 한국을 대신하여 외교권을 행사한다는 아주 불평등한 조약이었다. 이 조약으로 한국과 외교관계를 맺은 나라들은 모두 한국을 떠나게 되었다. 일본의 허락 없이는 어느 나라도 한국에 들어올 수 없다는 이유였다. 일본은 한국의 외교권을 마치 제 것인양 멋대로 행사했다. 을사조약으로 나라의 외교권을 일본에게 완전히 빼앗긴 대한제국은 주권 국가로서의 자격을 완전히 잃어버린 셈이 되었다.

한국에 와 있던 선교사들은 일본이 조선을 잘 살게 해줄 수 있는 나라라고 생각하고, 처음에는 일본에 대해 그리 나쁘게 생각하지 않았다. 선교사들 입장에서는 선교를 목적으로 왔으므로 정치적인 문제에 끼어들지 않고 중립을 지키려고 한 것이다. 물론 당시 한국 사람들 중에는 선교사들의 그런 애매한 행동을 못마땅하게 생각하고 비판하는 이들도 있었다.

그런데 일본이 숨겨 왔던 발톱을 내밀며 한국을 노골적으로 침략하고 기독교를 탄압하기 시작하면서 상황이 바뀌었다. 일본에 항거하며 한국 점령을 부당하다고 저항하는 한국의 지도자들 가운데 기독교 신자들이 많았기 때문이다. 일본이 한국의 기독교인을 탄압하자 선교사들은 가만히 보고 있을 수 없었다. 선교사들이 기독교인의 편을 들고 나서자 일본은 선교사들을 적대시하기 시작했다.

"우리 일본을 배척하는 한국 사람들을 키운 자는 바로 선교사들이다. 그러니 선교사들도 우리의 적이 되는 것이다."

일본은 이러한 논리로 선교사들에게 엄포를 놓았다. 선교사들의 입장이 매우 곤란해지는 상황이 되었다. 처음에 순수한 마음으로 일본을 바라보았던 선교사들은 탐욕스럽고 잔악무도한 그들의 참 모습을 알게 되면서 경계하기 시작했다.

언더우드는 한국인들 편에 서서 일제의 침략 행동에 대해 강력히 반대했다. 그래서 일본은 언더우드를 *반일 인사로 취급했다. 언더우드 역시 처음엔 일본에 대한 나쁜 감정이 없었지만, 한국을 침략한 제국주의 본성을 알고부터는 한국인 편에 서서 적극적으로 일제의 탄압을 비판했다.

언더우드는 일제에게 나라를 빼앗기고 신음하는 한국 사람들과 교인들에게 힘이 되는 말을 자주 전했다. 때로는 라디오 방송을 통해 위로의 말을 전하며 소망을 가지라고 외쳤다.

"여러분, 참고 견디십시오. 언젠가 해방의 날이 올 것입니다."

언더우드의 진심 어린 말들은 한국 신도들에게 큰 위로가 되었다.

- **양쪽 대륙** 홍해 양쪽 대륙. 즉 아프리카 대륙과 아라비아 반도 대륙을 말한다.
- **수에즈 운하** 지중해와 홍해 사이를 잇는 좁은 수로길이다. 프랑스가 1869년에 만들었으며 수에즈 운하가 개통됨으로써 유럽에서 인도양 및 서태평양의 해상 길을 나가는데 최단거리 항로가 생기게 되었다.
- **조선성교서회** 기독교서회를 말한다. 1890년 언더우드, 아펜젤러, 게일, 헐버트, 올링거 등 당시 선교사들이 문서 선교를 위해 세운 출판사 이름이다. '조선성교서회'는 지금 '기독교서회'로 이어가고 있다.
- **러일 전쟁** 러시아와 일본 사이에 일어난 전쟁이다. 1904년에 한반도와 만주에 대한 지배권을 둘러싸고 일어났으며, 1905년 일본의 승리로 끝났다. 러일 전쟁 후 일본은 본격적인 조선 침탈에 들어갔다.
- **을사조약** 1905년 일본이 조선의 외교권을 박탈하기 위해 강제로 체결한 조약을 말한다.
- **반일 인사** 일본에 대해 반대하는 한국의 지도층 사람을 말한다.

20.

한국에 대학을 세우는 꿈

멈추지 않는 복음 운동

언더우드 선교사는 3년이라는 안식년을 마치 자기 인생의 공백 기간이라도 되는 것처럼 여기며 한국에 돌아와 밤낮을 가리지 않고 동분서주 뛰어다녔다. 안식년 동안 새로 이전한 새문안교회(지금의 위치, 신문로 1가 42번지)의 건축을 위해 정성을 기울였다. 새문안교회는 벽돌로 새롭게 건축된 교회가 되었다. 교회는 날로 성장해 갔고 언더우드는 할 일이 더욱 많아졌다.

염정동에 붉은 벽돌로 새로 세운 새문안교회, 1912

서경조 목사

언더우드는 일 때문에 자주 교회를 비우게 되자 협동 목사(동사목사)를 두어 함께 사역을 했다. 그 협동 목사가 서경조 목사다.

"아, 서북지방 믿음의 형제들이 보고 싶구나."

소래 사람 서경조 목사를 보며 언더우드는 평생 동안 수없이 달려가 만났던 서북지방 사람들을 떠올렸다. 순회전도에서 만난 서북지방 교인들의 순수한 신앙은 늘 언더우드에게 감동과 힘이 되었기 때문이다.

언더우드의 나이가 어느덧 오십을 넘어섰다. 그러나 그의 불타는 선교 열정은 식지 않았다. 언더우드는 그해 회장으로 있던 대한성교서회의 새 건물을 지었고, 가을에는 전국복음운동추진위원회 위원장이 되어 복음 운동에 앞장섰다.

그런 중에도 하나님의 은혜가 있어 외아들 원한경이 대학을 졸업하게 되었다. 언더우드는 아들의 졸업식에 참석하기 위해 미국으로 갔다. 아들의 졸업은 많은 뜻이 담겨 있었다. 자신이 선교의 꿈을 안고 공부하던 뉴욕대학교를 아들 원한경이 졸업하게 된 것은 언더우드에게 아주 큰 기쁨이었다. 아버지와 아들이 동문이 된 것이다.

원한경은 뉴욕대학교에서 교육학과 심리학을 전공했다. 그리고 졸업 후 그해 9월, 아버지 언더우드와 같은 선교사 자격으로 한국에 왔다. 교사 자격증이 있었던 원한경은 경신학교에서 영어 선생님으로 근무하다 나중에 연희전문학교에서 한국 최초로 사회학 과목을 개설하여 강의했다. 원한경은 이후 1919년 3·1 운동 때 일제가 저지른 *제암리 학살 사건 등 일제의 만행을 전 세계에 알리기도 했다.

언더우드 선교사와 아들 원한경, 1912

언더우드는 뉴욕대학교에서 명예법학박사 학위를 받고 돌아왔다. 그는 미국에서 돌아올 때마다 늘 빈손으로 오는 적이 없었다. 이때도 5만 달러가 넘는 큰돈을 모금해 가지고 왔다. 그 기부금은 대학 설립 기금이었다. 언더우드가 첫 발을 조선에 내려놓을 때부터 숙명처럼 따라 다녔던, 한국에 대학을 세우는 꿈! 제물포에 도착한 그 순간부터 그의 마음속에는 한국에 대학을 세워 한국의 인재들을 키워야 한다는 소망이 불타고 있었다. 그리고 한국에 기독교대학을 세우겠다는 언더우드의 바람은 날이 갈수록 선명해졌다.

언더우드가 한국에 대학을 세우려고 한 이유는 크게 두 가지였다.

첫째는 오랜 역사를 가진 한국이지만 근대화 과정에서 잘못되어 일제의 침략까지 받는 약소국가가 되었다는 걸 인식했다. 따라서 부강한 나라로 일어서는 길은, 한국인들에게 근대적 고등교육을 터득하게 하는 것이라고 생각했다.

둘째는 찬란한 문화와 전통을 가진 한국 민족이 그 높은 문화 수준에 기독교 정신을 혼합한다면 세계적인 기독교 문화와 가치를 보여 줄 민족이라 믿었기 때문이다. 그래서 언더우드는 반드시 한국에 대학이 세워져야 한다고 생각했다. 만약 그렇게 된다면 한국의 기독교는 다른 어떤 선교지역보다 훨씬 강력한 에너지를 갖게 될 것이라 믿었다.

대학 설립을 향한 언더우드의 강한 의지는 한국의 기독교가 세계 복음화에 큰 몫을 감당할 것이라는 확신에서 나온 것이었다. 이렇게 탄생한 연세대학교는 언더우드의 한국 선교 중 가장 큰 열매 중 하나라고 해도 지나친 말이 아니다. 하지만 한국에 대학을 세우는 일은 결코 만만치 않았다. 일제는 한국 사람들에게 고등교육을 가르치는 것을 매우 부정적으로 여겼다. 그래서 언더우드나 그와 뜻을 같이하는 선교사들에게 많은 제재를 가했다.

그러나 더욱 심각한 문제는 안에 있었다. 대학교를 서울에 설립해야 한다는 언더우드의 제안에 대해, 평양 지역에 있던 선교사들과 한국에 와 있던 대다수 선교사들이 반대를 한 것이다. 그 이유는 한국과 같은 작은 나라에 대학교가 하나 이상 있을 필요가 없다는 것이었다. 그 당시 이미 평양에 숭실대학교가 있었다.

언더우드는 대학이 서울에 있어야 한국의 중심에서 파급되는 영향이 크고, 국제적인 대학으로서의 발전이 수월해질 것이라는 뜻을 굽히지 않았다. 언더우드가 생각하는 대학 설립은 한국의 수도인 서울에 있어야 하고, 세계에서도 뒤지지 않는 종합대학교로 세워지는 일이었다. 언더우드의 강력한 주장은 많은 동료 선교사들로 하여금 등을 돌리게 했다.

"이건 언더우드의 독선입니다."

반대한 선교사들은 언더우드가 자신의 이름을 알리기 위해 지나친 욕심을 낸다고 생각했다.

방해 속에서도 흔들리지 않는 뚝심

언더우드는 숱한 반대에도 개의치 않고 자기를 도와주는 몇몇 선교사들과 뜻있는 지인들의 힘을 얻어 서울에 대학을 세우는 일을 강력히 추진해 나갔다. 먼저 기독청년회회관에서 60여 명의 학생들을 모아놓고 '경신학교 대학부'라는 이름의 대학을 설치하여 출발점을 만들었다. 그런 후 미국 북장로교, 감리교, 캐나다 장로교 등 각 선교부의 인정과 연합을 이끌어 냈다.

여기서 힘을 얻은 언더

언더우드가 세운 경신학교

우드는 더욱 강력하게 대학 운영을 밀고 나갔다. 일은 잘 진행되는 듯했다. 그러나 또 다른 암초가 그를 기다리고 있었다. 이제 한국 땅에 대학이 설립되어 그 기능을 할 날이 가까이 왔다고 생각한 그에게 뜻하지 않은 어려움이 닥친 것이다.

"성경을 가르치면 안 된다. 기도회를 가져서도 안 된다."

일제 총독부에서는 끈질기게 대학 운영에 대해 엄포를 놓았다. 사실 이러한 엄포는 한국에 대학을 세우지 못하게 할 구실에 지나지 않았다. 그러나 언더우드는 일제의 반응 따위에 자신의 일을 포기할 만큼 나약하지 않았다. 언더우드는 어떤 위협에도 기죽지 않고 평소 자기가 하던 방식대로 성경도 가르치고 기도회도 열었다.

언더우드가 경신학교 대학부 초대 교장으로 취임한 이후에도 총독부는 학교 설립 허가를 내주지 않았다. 시간은 속절없이 흘러갔고, 일본은 대학 설립을 방해하기 위해 별의별 교묘한 방법을 총동원했다. 그 하나의 예가 한국에 대학을 두는 법령을 만들어 놓지 않은 일이었다.

언더우드는 할 수 없이 전문학교령에 의해 경신학교 대학부를 연희전문학교로 인가를 받아 세울 수밖에 없었다. 연희전문학교는 해방 후 1946년 연희대학교로 승격했고, 1957년 세브란스 의과대학과 합병하여 지금의 연세대학교로 자리 잡았다. 일제 당국은 언더우드가 세운 대학을 따가운 눈초리로 바라보았다. 그들은 언더우드를 늘 감시하고 있었다.

"모든 종교계 학교는 공식적으로 정규 과목을 통해 종교교육을 실시할 수 없다."

일제는 사립학교 법령을 만들어 언더우드의 손발을 묶어 놓았다. 언더우드는 대학에서 기독교 교양 교육을 하지 못하면, 그가 염원했던 기독교대학의 교육적 이상을 이룰 수 없기에 깊은 고민에 빠졌다. 그러다가 반짝 떠오르는 생각이 있었다.

'그래, 신학과를 설치하자. 대학 학부의 여러 과목 중의 하나로 말이야.'

언더우드는 대학교가 기독교적인 모습이 드러나지 않도록 신학과를 개설하여 그곳에서 기독교 교육과 기독교 지도자를 육성할 계획을 세웠다. 물론 때가 되면 당당히 기독교 대학임을 내세우겠지만, 일제의 탄압이 심한 상황에서는 이것이 최선의 해결 방법이었다. 언더우드는 서슬 퍼런 일제의 감시와 위협에서 살아남을 지혜를 발휘한 것이다.

그는 이것을 곧 실행에 옮겼다. 대학에 신학과를 개설하고, 학생들은 대학 과목 중 하나인 신학과에서 자연스럽게 기독교 신앙 교육과 예배를 드릴 수 있게 되었다. 언더우드는 일제의 어떤 방해에도 굴하지 않고 연희전문학교에서 기독교 교육을 진행했고, 이는 장차 기독교 종합대학으로 나아갈 터전을 확실히 했다.

언더우드의 대학은 '기독교와 한국'이라는 커다란 두 가지 핵심 가치를 바탕으로 출발했다. 이런 정신이 오늘날 새로운 시대, 새로운 가치를 창출하는 '연세'의 전통이 되었다.

미국 브루클린 라파예트 5가 장로교회에서 열린
언더우드 선교사의 장례식, 1916

언더우드가 한국에 처음 왔을 때, 그의 나이는 불과 25세였다. 그런데 이제 그는 흰머리가 늘고, 허리도 조금 굽은 모습으로 변했다. 대학 설립을 위해 애쓰는 동안에는 하루가 다르게 얼굴이 수척해졌다. 호턴 여사가 쓴 전기나 아들 원한경 박사가 언더우드의 장례식이 끝난 뒤 장로교 본부에 보낸 편지를 보면 언더우드가 대학 설립을 둘러싸고 얼마나 많은 사람들과 논쟁하고 반대하는 사람들을 설득하며 심적 고통을 겪었는지를 알 수 있다. 이는 언더우드가 본인이 옳다고 확신한 일에는 자기 몸이 상해도 두려워하지 않는 담대함과 용기, 그리고 굽히지 않는 강한 의지의 소유자였음을 잘 보여 준다.

언더우드가 생애 최대의 힘을 기울여 세운 연세대학교는 언더우드 자신의 생명을 내놓고 세운 대학이라 해도 지나친 말은 아니다. 만약 그때 언더우드가 연희전문을 포기했다면 어떻게 되었을까? 과연 대학을 통해 한국이 오늘 이룬 세계적 수준의 기독교 선교와 기독교 교육, 그리고 의료, 문화, 정치, 사회복지 등등 모든 분야의 발전이 가능했을까?

언더우드의 대학 설립 정신은 그의 후손으로 이어져 연세대학교와 언더우드 가문은 끊을 수 없는 인연으로 함께 가고 있다.

■ **제암리 학살 사건** 1919년 제암리교회 청년들과 민족주의자들은 4월 5일 만세 시위를 했는데, 시위 10일 후 일본 헌병들이 15세 이상의 남자들을 제암리교회에 모아놓은 뒤 교회당 문을 잠그고 불을 질렀다. 그리고 탈출하려는 사람들에게 무차별 총격을 하여 학살했다. 일제의 만행은 거기서 끝나지 않고 제암리 마을 32가구에도 불을 질러 무수한 목숨을 빼앗는 끔찍한 일을 저질렀다.

21.

아, 나의 사랑 한국이여

조선예수교장로회가 세워지다

언더우드 선교사가 아들의 대학 졸업식에 참석한 후 엄청난 대학 설립 기부금을 가지고 한국에 돌아오던 1912년 9월, 평양에서는 조선예수교장로회(대한예수교장로회) 총회가 창립되었다. 언더우드의 한국 선교 30년이 지나면서 한국에는 많은 장로교회가 세워졌다. 교인수도 엄청나게 늘어났다. 그러자 지역별로 노회가 생기고, 그 노회를 총괄할 총회가 만들어졌다. 언더우드는 초대 총회장으로 선출되었다. 이날 총회 부회장에는 길선주 목사가 선출되었다. 이때 공식 집계된 조선예수교장로교회는 7개 노회에 당회가 있는 조직교회가 134개, 한국 목사 69명, 외국인 목사 77명, 장로 225명, 전체 교인 수는 127,228명으로 기록되었다.

언더우드는 초대 총회장으로서 한국 교회의 개척과 조직, 성장과 부흥, 그리고 한국인의 생활 속에 스며드는 기독교가 되도록 애썼다.

일본은 한국을 강제로 *병탄한 뒤 한국에 대해 그들의 식민지 교육정책을 거침없이 밀고 나갔다. 일본은 "교육 사업에 종사하는 사람은 누구나 일본어를 사용해야 한다."는 법을 만들어 학교 강의를 일본말로 하라고 명령했다. 이 명령은 선교사들에게도 해당되는 것이었다. 특히 대학을 설립한 언더우드에게는 더욱 그랬다. 어쩔 수 없이 언더우드는 일본으로 가야 했다.

"목사님, 일본에 가지 마세요."

아내인 호턴 여사가 짐을 챙기는 언더우드 선교사의 뒷모습을 보며 안타까운 목소리로 말했다.

"부인, 나는 꼭 가야 합니다. 어렵게 세운 대학인데 무슨 짓이든 해봐야 하지 않겠소? 내 몸이 두 쪽이 나더라도 다녀오겠소."

언더우드가 호턴 여사를 지그시 바라보며 말했다. 그의 얼굴에는 비장한 각오가 서려 있었다. 호턴 여사의 눈에 눈물이 맺혔다.

"그런 몸으로 어떻게…."

언더우드는 호턴 여사에게 다가와 살며시 어깨 위에 손을 얹었다.

말년의 언더우드 선교사 부부

"부인, 이제까지 내가 걸었던 길입니다. 그 길에 언제는 평안했고 탈이 없었습니까? 그래도 힘 주시고 능력 주시는 주님께서 다 인도하셨지 않소. 이번에도 그럴 것이니 너무 걱정 말아요."

호턴 여사의 볼에 눈물이 주르르 흘러내렸다.

"나는 믿어요. 주님께서 또 이 길을 인도하실 것을."

언더우드는 호턴 여사를 가볍게 포옹한 뒤 집을 나섰다.

일본어 공부를 위한 일본행

언더우드는 1916년 1월, 환갑이 다 된 몸으로 일본어 공부를 위해 일본으로 건너갔다. 그는 하루에 9시간이라는 엄청난 긴 시간을 꿋꿋이 버티며 일본어를 공부했다. 그러나 언더우드의 건강은 급격히 나빠지기 시작했다.

"여보, 일본어를 정말 유창하게 하세요. 그런데…."

호턴 여사는 일본에 가서 언더우드를 만난 순간 반가우면서도 가슴이 찢어지는 듯했다. 그냥 언뜻 보기만 해도 언더우드의 건강이 매우 안 좋다는 걸 느낄 수 있었기 때문이다.

"여보, 더 이상 안 되겠어요. 이제 저랑 같이 한국에 돌아가요. 그리고 미국에 가서 치료를 받도록 해요."

언더우드 부인은 눈물을 펑펑 흘리면서 말했다. 하지만 언더우드는 남들이 자신의 건강 상태를 너무 부풀리고 있다고 생각했다.

"부인, 이번 학기 끝날 때까지만 기다려 주시오. 사실 난 견딜 만해요."

언더우드는 부인의 말을 듣지 않았다. 호턴 여사는 떨어지지 않는 발걸음으로 혼자 한국에 돌아왔다. 얼마 후, 언더우드의 건강은 걷잡을 수 없이 나빠졌다. 도저히 일본에 더 이상 머무르기 힘들어졌다.

언더우드는 그해 3월에 한국으로 돌아왔다. 아픈 몸을 이끌고 왔지만 누울 사이도 없이 에비슨 목사와 함께 대학교 설립 신청서를 내는 일을 하러 다녔다. 다행히 일본 총독부에서는 신청서를 보고 대학 설립 인가를 내려 주었다.

"아, 하나님! 감사합니다! 감사합니다!"

언더우드는 하늘을 향해 머리를 들고 감격의 기도를 드렸다. 노쇠하고 여윈 어깨가 들썩거렸다. 하얀 머리카락이 바람에 이리저리 흩날렸다. 언더우드의 눈에는 눈물이 그렁그렁 맺혀 있었다.

연희전문학교가 정식으로 대학 인가를 받았으니, 이제 대학교 부지에 건물을 세워야 할 차례다. 드디어 꿈에 그리던 대학교가 한국에 정식으로 우뚝 서게 되는 순간이었다. 하지만 언더우드의 건강은 점점 더 심각해졌다. 오랜 시간 온몸을 내던지며 돌보지 않았던 탓이었다. 그는 사랑하는 한국이 일본에게 모든 것을 빼앗기고 식민지 생활을 하는 것에 큰 책임을 느끼고 가슴 아파했다. 그래서 자신이 할 수 있는 모든 일을 하며 강행군을 펼쳐 나갔다. 지칠 대로 지친 그의 몸은 더 이상 버틸 재간이 없었다.

언더우드는 자신이 31년 전 한국에 온 4월 5일과 비슷한 날짜인 1916년 4월 7일에 각계각층의 인사들과 한국인들의 환송을 받으며 제물포항을 떠났다. 젊고 패기 넘쳤던 선교사가 백발 선교사가 되어 돌아가는 모습은 보는 사람들의 눈시울을 뜨겁게 만들었다. 그는 멀어져 가는 제물포 항구를 바라보며 두 손을 들어올렸다. 조선 선교의 미래를 꿈꾸며 한국 땅을 처음 밟은 청년이 훌쩍 지나간 30여 년이라는 세월을 손에 잡아보기라도 하듯 말이다.

언더우드는 제물포 항구가 시야에서 사라질 때까지 그 풍경을 눈에 넣으려는 듯 시선을 떼지 않았다. 항구를 둘러싼 아담한 산자락, 푸른 하늘, 흰 구름, 이 모든 것을 사랑했던 언더우드는 그토록 헌신했던 한국 땅을 마지막으로 보는 것이라는 사실을 그때는 몰랐을 것이다.

미국의 버크셔에 위치한 누이의 집에 도착한 언더우드는 한동안 건강이 회복되는가 싶었다. 그러다가 그해 여름, 무더위로 고생하면서 다시 열이 나기 시작했다. 몸도 지탱하기 힘든 상황에 이르렀다.

"목사님을 편안한 곳으로 모셨으면 합니다."

언더우드를 맡고 있던 의사의 권고로 그는 조지아 주 애틀랜타 시로 옮겼다. 애틀랜타 시는 그의 형 존의 '언더우드 타이프라이터' 회사가 있는 곳이었다. 존이 찾아와 위로하며 힘을 주었다. 형은 평생 동안 동생의 한국 선교를 위해 뒤에서 묵묵히 도움을 준 숨은 공로자였다.

"호러스, 힘내거라. 하나님이 너를 얼마나 사랑하시는데."

누나 하나도 찾아와서 언더우드를 위로하며 극진히 간호했다.

언더우드는 힘겨운 시간을 보내고 있었다. 하루에도 수없이 열이 오르락내리락했다. 숨은 갈수록 가빠졌고, 자꾸만 눈이 감겼다. 그러나 눈을 감아도 그의 앞에는 너무나 선명하게 한국의 무한한 풍경들이 펼쳐지는 듯했다.

'내가 사랑하는 한국의 들과 산, 바다와 하늘, 그리고 정 많은 사람들과 한국의 신도들, 교회들….'

기력이 다해 가는 언더우드의 머릿속에는 한국에서 이루었던 많은 일들이 초롱초롱 빛을 내고 있었다. 그는 운명할 때까지 한국을 사랑하는 마음을 감추지 않았다. 병상 곁에 돕는 사람을 앉혀 놓고 생각날 때마다 한국과 연락을 취했다.

"아, 돌아가고 싶다. 내가 사랑하는 나라, 한국으로."

1916년 10월 12일 오후 3시가 조금 지난 시각, 숨결이 점점 약해지던 언더우드 선교사는 조용히 숨을 거두었다. 창밖엔 살랑살랑 가을바람이 불고 나뭇잎이 흔들렸다. 한국 선교의 위대한 영혼이 하나님의 부르심을 받는 거룩한 순간이었다. 그의 나이 57세였다.

이 세상에 태어나 한국과 무슨 관련이 있기에 그렇게도 한국을 위해 많은 일을 했던가! 하나님이 가라고 하신 땅에 와서 어찌 목숨 다할 때까지 충성을 다했는가!

온전히 하나님의 뜻에 따라 순종하고, 말씀에 충실하고, 계획된 일에 책임을 다하고, 한국을 진정 사랑하며 최선을 다했던 언더우드의 일생은 고귀하고 아름답기 그지없다. 그는 오로지 한국 사람에게 복음을 전하며 이 땅에 하나님의 나라가 도래하도록 기꺼이 눈물과 땀, 자신의 목숨까지 바치며 뚜렷한 발자취를 남겼다.

- **병탄** 남의 물건이나 다른 나라의 영토를 한데 아울러서 제 것으로 만드는 것을 말한다.

언더우드를 만나 변화된 한국의 인물들

서 경 조
매서인에서 한국 장로교 최초의 목사로

"어서 동구 밖으로 나가 보세요. 목사님이 어디쯤 오시는지."

황해도 솔내 마을 교회에 사람들이 모여 웅성거리며 언더우드 선교사를 기다리고 있었다.

"오, 병호가 오늘은 더 훤해졌네."

소래교회 신자들은 깨끗하고 단정한 옷차림으로 아버지 서경조의 품에 안겨 오는 세 살짜리 아이를 보고 모두 함박웃음을 지었다.

소래 벌판은 가을걷이가 끝나고 제법 쌀쌀한 바람이 불고 있었다. 오늘은 소래교회에 경사가 났다. 유아세례식이 있는 날이기 때문이다. 집례는 언더우드 선교사가 맡아 주기로 했다.

잠시 후 언더우드 목사 일행이 도착했다. 소래교회 사람들은 반가움에 모두 정다운 인사를 나누었다. 그리고 서병호의 유아세례식이 시작되었다.

"이제 유아세례식을 거행하겠습니다. 서병호의 부모님께서는 아이의 이름을 호명하면 '네' 하고 대답한 후에 일어서 주시기 바랍니다. 부모님 중 한 분께서 오른손을 들고 서약에 '네'로 대답해 주시기 바랍니다."

언더우드 목사의 집례에 따라 유아세례식은 엄숙하게 진행되었다. 생전 처음 보는 유아세례 예식에 소래교회 사람들은 처음엔 호기심으로, 나중엔 감격 어린 얼굴로 예배에 임했다.

"하나님의 아들 서병호에게 성부와 성자와 성령의 이름으로 세례를 주노라."

소래교회 신자들은 모두 감격에 겨워 한목소리로 "아멘"을 외쳤다.

"이제 서병호는 오늘부터 소래교회 유아세례 교인이 된 것을 성부와 성자와 성령의 이름으로 공포합니다. 아멘."

온 교회 신자들이 또 큰 소리로 "아멘"을 외쳤다. 소래교회의 교인 모두는 기뻐하며 즐거워했다.

"이 어린아이는 하나님이 사랑하셔서 기쁘게 쓰실 것입니다."

언더우드는 예배 후 어린 서병호를 안고 축복의 말을 해 주었다. 조선 땅에서 처음 행해진 유아세례식은 소래교회와 마을의 축제로 이어졌다.

이날 세례를 받은 서병호는 후일 경신학교를 졸업하고, 경신학교 교사 등 교육자이자 독립운동가로, 상해 임시정부 내무위원으로, 새문안교회 장로로, 경신학교 이사장으로 일하면서 하나님으로부터 받은 달란트를 충실히 감당했다.

서병호의 아버지가 바로 서경조 목사다. 서경조 목사는 평안도 의주 사람으로 서상륜 장로의 동생이다. 서상륜 장로의 인도로 성경을 처음 만나 성경을 전파하는 일을 한 그는 의주에서 황해도 장연군 솔내로 이사하고 소래교회를 세웠다. 그때 마침 서울에 언더우드 선교사가 있다는 소식을 듣고 세례를 받으러 언더우드를 찾아갔다. 그 당시 세례를 서울 한복판에서 받는다는 것은 목숨까지 내놓을 각오가 있어야 가능한 일이었다. 하지만 서경조는 생명의 위험을 무릅쓰고 세례 받기를 원했다.

소래교회 서경조 가족, 1898

"성부와 성자와 성령의 이름으로 서경조에게 세례를 주노라. 아멘."

1887년 매우 엄숙한 분위기에서 치러진 그의 세례식에서 많은 사람들이 온몸이 부르르 떨리는 감격을 느꼈다. 서경조는 언더우드를 만남으로써 어질고 인자하며 투철한 본성 위에 신앙심이 더욱 빛을 발했다. 한국 교회사에서 서경조가 이룬 업적은 대단한 것으로 평가되고 있는데, 그 옆에는 언제나 언더우드가 있었다.

서경조는 언더우드가 열성적으로 강의하던 평양신학교를 졸업하고, 조선인 장로교 최초 7인의 목사 가운데 한 사람이 되었다. 그는 원래 형 서상륜으로부터 권면을 받았지만 선뜻 기독교인이 되지는 않았다. 그러던 서경조가 *매서

인으로 활동하면서 성경을 탐독하다가 감화를 받고 하나님께 신앙을 고백하며 스스로 기독교인이 되었다.

기독교인이 된 서경조는 1885년에 소래교회를 설립했다. 그 후 언더우드에게 세례를 받고 소래교회 장로가 되어 교회를 급성장시켰을 뿐만 아니라 쉼 없는 전도 여정을 통해 이웃 황해도 전역에까지 수많은 교회를 세웠다.

평양신학교를 졸업한 서경조(뒷줄 가운데)

서경조는 새문안교회 초창기 때 언더우드 선교사의 조사(목사를 도와 교회 행정·예배·심방·전도를 하는 개신교의 교직자)로 교회를 섬기다가 장로가 되고, 이어서 장립 받은 목사가 되어 1910년 새문안교회의 *동사목사로 부임하게 되었다. 새문안 성도들의 뜨거운 환영 속에 서경조는 당당히 한국 교단에 우뚝 서게 된 것이다.

서울과 경기 일대, 황해도와 평안도 지역 등을 오가며 교회를 설립하던 평신도 개척 전도인 서경조는 이제 목사가 되어 새문안교회를 비롯한 서울과 경기 북부 지역의 평신도들이 섬기는 여러 교회의 당회장을 맡아 교회와 교인들을 보살피는 역할을 수행하게 되었다.

"선교사님, 오늘은 어느 쪽으로 가실 건가요?"

"목사님이 정하세요. 제가 따라가겠습니다."

아침에 새문안교회에서 예배를 드리고 나면 언더우드와 서경조는 돌아봐

할 교회와 전도해야 할 지역에 대해 의논하며 하루를 시작했다.

서경조가 새문안교회를 시무하는 동안 김규식을 장로로 장립했고 *차재명 조사를 장로로 장립하여 당회를 보강하고 교회를 더욱 든든한 기틀 위에 세워 나갔다. 서경조는 62세 되는 1913년에 목회를 은퇴하고 고향 소래로 내려갔다. 그 후 아들 서병호가 독립운동가가 되어 활동하던 상해로 가서 일생을 마쳤다.

- **매서인** 각처로 돌아다니면서 전도하고 성경책을 파는 사람을 일컫는 말이다.
- **동사(同事)목사** 한 교회를 같은 권리를 가진 두 명의 목사가 목회하는 경우의 목사를 말한다. 교회의 성장으로 교인들이 많아져 한 명의 목사가 목회를 감당하기 어려운 경우에 두는 제도지만 현재는 없어진 제도이다.
- **차재명** 새문안교회 2대 목사. 평안북도 용천 출신으로 1905년 기독교인이 되었고, 1906년 세례를 받았다. 1911년 새문안교회에서 언더우드에 의해 발탁되어 조사(助事)가 되었다. 1916년 평양장로회신학교를 졸업. 그해 목사안수를 받았다. 1917년 경기, 충청 노회장이 되었고, 1920년에는 새문안교회 목사로 초빙을 받았다.

Horace Grant Underwood

_ 제물포항을 떠나는 거룻배

나가면서

언더우드의 별세 이후

언더우드는 미국 뉴저지 주 카운티 북부에 있는 노스버겐의 그로브 교회 묘지에 안장되었다. 그곳은 부모님과 작은 형 프레드릭이 묻힌 곳이다. 1921년 호턴 여사는 70세를 일기로 세상을 떠났다. 호턴 부인은 언더우드가 세상을 떠난 뒤 외아들 원한경 박사의 집에 5년을 더 살면서 많은 집필을 통해 언더우드의 선교 정신을 충실하게 이어갔다. 부인은 양화진에 안장되었다.

1927년 언더우드가 최초로 세운 새문안교회에 기념비가 세워졌다. 그 다음해 4월 24일 연희전문학교 교정에 언더우드의 동상이 세워졌다. 1963년 8월 15일 광복 18주년을 맞이하여 대한민국 정부에서 대통령상을 수여했다. 1999년 그의 유언을 따라 언더우드의 유해는 서울 양화진으로 옮겨 와, 1921년에 작고한 아내 호턴 여사 곁에 78년 만에 합장되었다. 이후 아들, 며느리도 이곳에 나란히 묻혔다.

언더우드 선교사의 후손은 언더우드 선교사가 세상을 떠난 뒤에도 한국과의 인연을 계속 이어갔다.

언더우드 1세(Horace Grant Underwood, 한국 이름 원두우) 선교사가 1885년 우리나라 제물포항에 들어오면서 시작된 한국 선교는 32년간 이어졌고 그다음으로 외아들 언더우드 2세(원한경)로 이어졌다.

원한경은 1890년 9월 서울에서 태어나 자란 후 미국에서 유학하여 학업을 마치고 1912년 9월 선교사로 내한하여 연희전문학교에서 '사회학'이라는 한국 최초 과목을 개설하여 강의했다. 원한경은 1919년 3·1 운동 때 발생한 제암리 학살 사건 등 일제의 만행을 전 세계에 알리기도 했다. 1942년 일제에 의해 강제 추방되었다가 해방 후 다시 와서 미군 군정청에서 봉사했다. 6·25전쟁 당시 미군 고문으로 활약하다 과로로 작고하였다.

원한경의 아들 언더우드 3세(원일한)는 한국 전쟁 때(6·25 전쟁) 해군대위로 참전해 판문점 정전회담에서 수석통역관을 하였다. 원일한은 연세대학교에서 한국 교육의 발전과 한국과 미국 간의 우호 증진에 이바지했다.

언더우드 증손자인 언더우드 4세(원한광)는 미국에서 학업을 마친 후 장로교 교육선교사로 한국에 와서 연세대 교수로 봉사하였고, 부인 낸시 언더우드(원은혜) 여사도 장로교 선교사로 서울여대, 연세대 교수로 봉직하였다. 현재는 미국에 거주하고 있다.

동생 윌리엄 데이비드 언더우드(원한웅) 박사는 서울에서 자랐고 현재 지구과학 박사로 미국에서 살고 있다.

현재 한국에는 원일한 장로의 3남 피터 언더우드 선생이 언더우드 가문의 선교 정신을 품고 한국 사랑을 이어 가고 있다. 피터 선생은 미국에서 경영관리학(MBA) 과정을 마친 후 다시 한국에 와 컨설팅 전문가로 활동하면서 현재는 컨설팅회사 IRC 대표로 있다. 한때는 국가브랜드위원회에서 봉사하기도 하였다. 1885년 언더우드 선교사 내한 이래 2020년 현재 피터 언더우드 선생에 이르기까지 4대에 걸쳐 135년이 지나도록 언더우드 가문만큼 한국의 산하와 하늘을 사랑하며 서울에 살고 있는 한국인이 얼마나 될까.

한국 정부에서는 2004년 언더우드 가문의 대를 이은 한국 사랑을 인정하여 국민훈장 모란장을 수여했다.

양화진 언더우드가 묘역에는 지금도 언더우드 선교사 부부와 그 후손이 잠들어 있고 그 후손들이 한국을 자주 방문하는 등 변함없는 한국 사랑을 보여 주고 있다.

감수자의 글

언더우드의 생애와 선교 정신

_ 민현식(서울대 국어교육과 명예교수, 새문안교회 전 역사관장)

　복음의 불덩이가 되어 조선을 위해 그의 삶 전체를 바친 영원한 청년 언더우드는 최초의 조직 교회로 새문안교회를 세우고 성경과 찬송가를 번역하여 문서선교, 교육선교, 구제선교로 한국 교회를 반석 위에 든든히 세웠다. 오늘의 대한민국이 언더우드, 아펜젤러 등 온 생애를 바친 선교사들의 계몽을 통해 이승만, 안창호, 김구, 김규식 등 기독 신앙인들이 세워지고 이분들이 국내외에서 독립운동을 한 덕분임을 생각할 때, 조선인을 일깨운 언더우드 등 선교사들의 헌신에 큰 빚을 진 대한민국 국민은 누구나 감사하지 않을 수 없다.

　그런데 언더우드 등 선교사들에 대한 청소년 및 일반인용 위인전을 찾아보기가 힘들다. 언더우드 위인전은 서정민 박사의 『언어우드가 이야기』(2005)가 일반인용으로 있고, 청소년용 위인전은 전무한 실정이다. 위대한 신앙인으로서 이 땅에 기독교 정신의 자유민주주의 체제로 대한민국을 세운 건국 대통령 이승만에 대한 청소년용 위인전이 단 한 권도 없다는 점과 비슷한 현상이다. 이러고도 다음 세대를 키운다고 빈말만 무성하다. 한국 교회의 책임이 막중하다고 할 수 있다.

  그리하여 언더우드의 삶과 기록을 정리하고 위인전을 만들어 청소년과 일반에게 전파하는 일을 새문안교회조차 하지 않으면 누가 하랴는 절박한 마음으로 언더우드의 위인전을 기획한 것이 5년 전. 다행히 준비된 분들이 계셨다. 새문안교회를 섬겨 온 초등학교장 출신의 이희갑 장로님이 동화작가로 기꺼이 집필을 시작한 지 5년 만에 깁고 고치기를 더하였고, 역시 새문안을 섬겨 온 강수진 작가의 그림을 더하고, 새문안교회의 박재동, 박보영 집사님의 출판 기획으로 빛을 보게 되었다. 교회사학자인 새문안교회 윤경로 장로님의 도움과 일본 명치학원대학 서정민 박사님의 전기서, 미국 UCLA 교회사학자 옥성득 교수님의 논저 등 여러 연구서도 큰 바탕이 되었기에 깊이 감사드린다.

부디 이 전기서가 청소년뿐 아니라 성인들에게도 널리 읽혀져, 땅끝까지 복음을 전파하라고 명하신 주님의 지상명령을 따라 세계 선교의 불덩이가 되는 제2의 언더우드가 한국 교회에서 더욱 많이 배출되기를 기원한다. 끝으로 더 자세히 언더우드의 삶에 대해 알기를 원하는 독자를 위해 감수자로서 언더우드의 생애를 다음에 정리하여 본다.

미국 선교사 언더우드 목사(Horace Grant Underwood, 원두우, 元杜尤, 1859. 7. 19~1916. 10. 12)님은 영국에서 존 언더우드와 엘리자베스의 3남 3녀 중 3남(6남매의 넷째)으로 태어났다. 그는 4세에 인도 선교사의 설교를 듣고 인도 선교사의 꿈을 가졌다고 한다. 6세 때 한 해에 어머니, 할머니, 여동생을 여의었고, 10세 때 프랑스 기숙학교에서 유학하다가 13세 때 전 가족이 미국 뉴저지로 이민했다.

그는 1877년에 뉴욕주립대학을 입학해 우수한 성적으로 마쳤고, 1881년에 북장로회 대표 신학교인 뉴브런스윅(New Brunswick) 신학교에 들어가 선교사의 꿈을 키웠다. 그는 선교를 위해 1년간 의학을 공부하며 인도 선교를 준비하다가 조선 선교사 모집 소식을 알게 되었다. 아무도 응모하지 않자 어느 날 '왜 너 자신이 가지 않느냐?'라는 메시지가 가슴을 울려 개혁교회 선교부에 조선 선교를 두 번이나 신청했다. 그러나 정세가 나쁘다고 거절되었다. 대신 인도 선교 요청을 받아 수락서를 우체통에 넣는 순간 '조선에 갈 사람이 하나도 없다니, 조선은 어떻게 될까?'라는 음성을 들었다. 마침 라피엣(Lafayette) 교회 창립 30주년 기념으로 맥 윌리엄스가 조선 선교를 위해 5,000달러를 헌금하자 선교부는 마침내 조선 선교를 허락했다. 그리하여 언더우드는 1884년 12월 미국을 떠나 1885년 1월 일본 요코하마에 도착했다.

언더우드가 조선에 오기까지는 1882년, 이수정(李樹廷, 1842?~1887)의 역할도 있었다. 이수정은 임오군란 때 민비를 업고 탈출한 공로로 신사유람단 농업 유학생에 선발되어 일본에 갔다. 그는 그곳에서 농업학자 츠다센(津田仙)에게 전도 받아 성경을 공부하며, 미국인 녹스 선교사에게 세례(1883. 4. 29)를 받았다. 1883년 12월 13일, 미국 선교잡지 〈The Missionary Review of the World〉에 조선 선교를 호소하는 글을 기고한 것을 계기로 언더우드, 아펜젤러 등이 조선에 오게 된다. 이수정은 1885년 2월, 한글본『신약 마가전복음셔언히』를 출간했는데, 마침 1월에 도쿄에 온 언더우드는 갑신정변으로 망명한 서광범에게 한국어를 배운 후 이 성경을 가지고 4월 5일 부활절 오후 조선에 들어왔다.

언더우드는 조선인 선교가 금지된 상황에서 미국 의료선교사인 알렌 공사의 도움으로 제중원에서 의료 사역을 하며 조선인 선교를 준비했다. 그리고 조선인 전도자들의 도움을 받아 1887년 9월 27일 정동(貞洞)의 언더우드 한옥(韓屋) 사랑채에서 조선인 14명과 함께 장로 2인을 뽑고 첫 조직교회를 세웠다. 처음 모인 14명은 대부분 당시 만주 선교를 하던 존 로스(J. Ross, 1842~1915) 목사님이 양육한 의주 출신의 서상륜이 전도한 사람들이었다. 이날 한국 최초의 조직교회인 새문안교회의 탄생은 1870년대부터 만주 선교를 시작한 로스 목사님과 남한에서 2년 전 선교를 시작한 언더우드 목사님이 서울 정동에서 회동해 동북아 선교의 첫 결실로 탄생시킨 교회라는 점에서 의의가 있다.

언더우드의 한옥 사랑채는 일자(一字)형으로 35~50명 정도가 예배드릴 수 있었다. 이때는 남자, 여자가 따로 예배를 드렸다. 점점 교인이 늘면서 1889년 6월경에는 'ㄱ'자로 구조 변경 공사를 했고 남녀의 자리 구분을 두어 천장에서 바닥까지 휘장을 치고 예배를 드렸다.

1895년에는 교인들이 늘어 경희궁 건너 신문로 큰길로 한옥 예배당을 신축해 100여 명이 예배드릴 수 있었고, 강단 중심으로 휘장을 쳐서 남녀 좌석을 구분했다. 계속해서 교인이 늘어 1910년 5월에는 현 위치로 옮겨 장안의 명물인 로마네스크식 벽돌 예배당을 신축했다. 700여 명 규모의 크기로 신축 이전한 이 새문안교회는 오늘에 이르기까지 130여 년의 역사를 이루어 왔다.

새문안교회는 고난과 도전의 격동기 한민족 역사에서 가장 암울한 때에 세워진 한국 최초의 조직교회다. 마태복음 28장의 지상 선교 명령에 따라 세워진 이래 하나님의 부름을 받아 나라와 민족의 운명과 고난의 역사를 함께했다. 새문안교회는 충군애국(忠君愛國), 애국애족(愛國愛族)에 앞장섰던 교회로서 '나라와 민족과 고난을 함께한 교회'였다. 아울러 개혁교회의 신앙으로 교회의 본질을 지키고, 성경 말씀, 찬양, 기도, 친교, 구제, 봉사가 응축된 예배를 통해 가장 핵심인 '예배의 모범'을 지키는 교회로서 교회의 본분을 지키는 데 앞장서 왔다.

새문안교회가 첫 조직교회로서 한국 교회와 민족사에 귀감이 된 모습은 역대 담임목사의 삶과 새문안 출신 독립운동가들에게서 찾을 수 있는데, 그 기초를 놓은 분들이 한민족을 위해 4대에 걸쳐 헌신한 언더우드 일가이다. 언더우드의 전 생애를 통해 한국 교회와 한국을 위한 업적을 정리하면 대략 다음과 같이 여덟 가지 신앙의 정신으로 요약할 수 있다. 여덟 가지의 언더우드 선교 정신은 새문안의 뿌리가 되고, 나무가 되고, 한국 교회라는 큰 숲이 되어 영향을 끼쳤으니, 한국 교회의 모본이요 못자리판이라 할 수 있다.

첫째, 성경 말씀 중심의 정신이다.

언더우드의 제일 으뜸가는 사역은 성경 번역을 완수해 성경이 한글로 옷을 갈아입고 한국 교회가 성경 중심의 교회로 부흥하는 토대가 되게 한 점이다. 언더우드는 새문안교회 창립을 하던 해 2월 7일에 동료 선교사들과 '한글성서번역위원회'를 조직해 회장으로 번역을 주도하며 1892년부터 번역을 본격화했다.

당시 조선에는 로스 목사님이 만든 신약성경인 『예수셩교젼셔(聖敎全書)』(1887)만 있었다. 이는 이응찬, 백홍준, 서상륜 등 의주 청년들이 번역해서 평안도 말투가 많았기 때문에 백성들이 복음을 수용하는 데 어려움이 컸다. 따라서 서울말을 반영한 새번역 성경의 출판과 보급은 신생 한국 교회의 절박한 과제였다. 이미 언더우드 자신이 일본에 들렀다

올 때 이수정의 『신약 마가젼복음셔언히』(1885)를 가져와 이것을 다시 직접 개역한 『마가의 젼흔복음셔언해』(1887)를 간행한 경험이 있어, 이를 토대로 아펜젤러, 스크랜튼, 게일 등의 선교사들과 '성서번역자위원회'(1887)를 조직해 13년 만에 『신약젼셔』(1900, 1904, 1906 수정)를 완역하고, 다시 10년 후 『구약젼셔』(1910)를 완역해 1911년 합본 『성경젼셔』를 하나님께 바쳤으니 언더우드, 아펜젤러, 게일, 스크랜튼, 레이놀즈, 트롤로프, 피터즈 선교사와 조선인 조사(助事)들이 합심하여 한글 성경을 조선에 선물한 것이다.

　1890년에는 초교파 기독 출판 단체 '조선성교서회'(현 대한기독교서회)를 조직했다. 또한, 언더우드가 주도한 성경 번역 사업이 성경 보급자들인 권서(勸書)들을 통한 성경 반포 사업으로 확장되면서 '조선성서공회'가 세워지고 그 역할도 커져 '대한성서공회'로 발전했는데, 여기에 언더우드의 성경 번역이 큰 역할을 했다. 언더우드는 성경 보급자로서 사업가적 면모도 보여 성경 보급 조직을 육성했으며, 조선인 최초의 권서(勸書)인 서상륜과 함께 새문안교회 창립에 기여하고, 송순명 도매서(都賣書)를 육성했다. 이러한 권서들은 방방곡곡을 누비며 사람들을 교회로 인도하는 전도사 역할을 했으며, 송순명은 1904년 새문안 장로로 장립되어 섬겼다.

　특히 1890년 언더우드는 성경을 사모하는 7인으로 사경회(査經會)를 새문안에서 처음 실시해 성경에 기초한 신앙 훈련을 했다. 사경회는 1907년 1월 6일부터 15일까지 열린 평양 장대현교회 사경회로 이어져

1907년 길선주 장로에 의한 평양대부흥의 원동력이 되었다.

둘째, 예배와 찬양의 정신이다.

복음의 토착화를 위해 예배의 전통을 세우고 예배의 주요 요소인 예배 음악을 다듬어 한국 교회 음악의 기초를 놓았다. 그는 자신이 번역한 117편으로 된 『찬양가』를 1894년 완성해 보급하였는데, 『찬양가』는 한국 최초의 오선보(五線譜) 찬송집이다. 곡목이 증가한 증보판은 10여 차례 판을 거듭하여 보급되었으며, 이 『찬양가』는 예배 음악의 반석이 되었다. 언더우드는 조선 백성에게 한글 성경에 이어 한글 찬송을 선물한 것이다. 이 중에 세 편은 지금까지 불리고 있다.

64장 〈내죄를 씻는거슨〉 → 184장 〈나의 죄를 씻기는〉
82장 〈스랑흐셰예수〉 → 314장 〈내 구주 예수를 더욱 사랑〉
88장 〈예수가 거느리시니〉 → 390장 〈예수가 거느리시니〉

셋째, 부흥 전도의 신앙이다.

언더우드는 최초의 부흥 전도자로서 조선 복음화를 위해 몸을 돌보지 않고 조선 8도를 누비며 전도했다. 그가 57세로 일찍 서거한 것도 제 몸을 돌보지 않고 헌신한 탓에 말년에 급격히 몸이 쇠약해진 때문이었다. 그는 "복음을 전하지 아니하면 내게 화가 있을 것"(고전 9:16)이라고 믿고 젊어서부터 뉴욕의 거리에서 노방전도로 단련되었고, 조선에 와서도 틈만 나면 지방 순회 전도를 했다. 하루 60리(약 24km)를 걸으며 예수 초상을 걸고 나팔을 불며 복음을 외쳤고, 천막 전도, 거리 전도를 하는 등 신혼여행조차 전도여행으로 하면서 전도자의 모범을 보여 주었다.

이스라엘 각지를 다니며 복음으로 이스라엘 백성을 일깨우신 예수님처럼 언더우드는 종횡무진으로 9차에 걸쳐 전국을 누비며, 특히 북한 지역 선교에 힘썼다. 그 결과 그가 개척한 교회는 백령도교회로부터 구미상모교회에 이르기까지 파악된 것만 전국에 23개 교회에 이른다. 1891년 곤당골교회(승동교회), 1893년 남대문 전도소, 1894년 연못골교회(연동교회), 모화관(독립문) 집회소, 1895년 잔다리교회(서교동교회), 한강교회(노량진교회) 등과 백령도, 김포, 파주, 시흥 등 수도권과 멀리 괴산, 구미 등에 지교회를 설립했고, 파악되지 않은 곳도 많다.

넷째, 교육 구제의 정신이다.

언더우드는 구제와 교육 선교의 사명을 다해 후대 선교사들의 모범이 되었다. 최초의 어린이 구제선교로 고아학당인 언더우드 학당(구세학당)을 세웠는데, 이것이 나중에 영신(永信)학교로 이어지고 오늘의 경신(儆新: '깨우쳐 새롭게'라는 뜻)학교로 발전했다. 여기서 송순명(宋淳明), 김규식(金奎植), 안창호(安昌浩), 서병호(徐丙浩) 등이 수학했다. 언더우드의 며느리인 에델 반 와그너(Ethel Van Wagoner Underwood, 1888~1949)도 언더우드 여자보육원을 세워 섬겼고, 언더우드의 어린이 사랑은 1929년 새문안유치원으로 이어져 새문안교회는 한국 유아교육의 요람이 되었다.

언더우드는 조선 계몽을 위해 교육 선교가 중요함을 절감하고 조선 입국 후에도 알렌을 도와 제중원에서 직접 의학을 가르쳤다. 그는 고등교육기관 설립을 학수고대했지만 여의치 않았는데, 그의 간절한 기도가 응답되어 서거 1년 전인 1915년 조선기독교대학(연희전문) 설립을 총독부가 허락했다. 그 후 연희전문은 아들인 언더우드 2세 원한경(元漢慶, 장로 후에 공로 목사, Horace Horton Underwood, 1890~1951) 교장, 백낙준 총장을 거치며 명문 사학으로 빛나고, 국학자 정인보, 최현배가 활약하면서 오늘날도 한국학 진흥의 사명을 다하고 있다. 해방 후에는 세브란스 의학전문과 합쳐 오늘의 연세대학교로 도약하게 되었다.

그는 장로교단 총회를 1912년에 조직하고 초대 총회장에 취임하여 장로교단의 기초를 놓았다. 평양신학교에도 출강해 사무엘 마펫(마포삼열) 선교사와 함께 장로교 신학교육의 기초를 확립했다. 또한, 조선 청년의 각성과 재능 계발을 위해 사회교육 차원에서 최초의 청년 선교기관인 황성기독청년회(YMCA, 1903)의 설립에도 참여했다. 이 단체는 구국계몽기에 선구적 기독청년교육과 사회운동을 했으며 한국의 스포츠, 대중문화 발전에 중요한 역할을 했다. 1905년에는 야구를 도입해 보급했으며 연극, 합창, 음악회, 영화, 공작, 미술 외에도 토론 문화와 회의 진행, 조직훈련을 했다. 후에 이승만, 이상재가 YMCA 총무를 역임했다.

다섯째, 문서 선교의 정신이다.

언더우드는 성경 번역 보급, 찬송가 출판 보급과 함께 전도용 문서, 신학 교리서, 신문 창간을 통한 문서 선교에도 탁월한 업적을 남겼다. 언더우드의 저술 목록을 보면 다음과 같다.

① 한국어 연구:『한영자전』(1890/1915),『한영문법』(1889/1915)
② 교회음악:『찬양가』(1894),『찬셩시(讚셩詩)』(1895)
③ 전도문서:『예수행젹』(아펜젤러 공저, 1891),『권중론(勸衆論)』(1894),『복(福)』(1894),『요한공부』(1899), 역서로『셩교촬리(聖敎撮理)』(1890),『상뎨진리(上帝眞理)』(1891),『예수교문답』(1891),『복음듸지(大旨)』(1894),『부요록(富要錄)』(1894),『삼요록(三要錄)』(1894),『모세제도(制度)의 공과(工課)』(1913)
④ 언론: 주간〈그리스도신문〉(1897) 창간, 1905년 감리교〈죠션크리스도인회보〉와 통합〈그리스도신문〉으로 발행
⑤ 한국학 연구서:『한국의 소명』(The Call of Korea, 1915)

언더우드는 1889년 30세 때 8년 연상의 릴리어스 호턴 언더우드(Lillias Horton Underwood, 1851~1921) 선교사를 만나 결혼했다. 호턴은 37세 때인 1888년 미국 북장로회 의료선교사로 한국에 온 2년 후 언더우드와 결혼해 명성황후의 시의(侍醫)로 활약했으며, 제중원에서 부인과를 책임졌

다. 왕비는 호턴을 자주 궁궐로 불러 서양 문물에 대해 대화를 나누었다고 한다. 언더우드 부인도 다음과 같이 다수의 저술을 남겼다.

① 회상집 『상투잡이와 함께 보낸 15년(Fifteen Years Among the Top-Knots)』

(영문판, 1904)

[번역서 『언더우드 부인의 조선생활』(1984, 김철 역), 『상투의 나라』

(1999, 신복룡 역)]

② 언더우드 전기 『Underwood of Korea』(1918)

[번역서 『언더우드 한국에 온 첫 선교사』(1991, 이만열 역)]

③ 언더우드 설교 강연집 『원두우 강도취집(講道聚集)』(한글본, 1920). 『원두우 강연집』(1927)으로도 재출간함.

여섯째, 인재 육성의 정신이다.

언더우드는 인재를 키우는 제자 육성에 철저했다. 고아 김규식을 언더우드 학당에서 길러 양자로 삼고 미국 유학을 보내 장차 상해 임시정부에서 독립운동가로 활약하게 했다. 또한, 소년 안창호도 상경해서 갈 곳이 없었는데 언더우드 학당에서 배우며 예수교인이 될 수 있었고, 경신학교 교사를 거쳐 미국, 중국에 가서 독립운동을 하게 되었다. 배재학당 출신의 초대 대통령 이승만이 23세 때 고종 폐위 음모에 연루된 혐의로 잡혀 종신형의 무기수가 되어 한성감옥에 갇혔을 때 언더우드는 아펜젤러와 함께 이승만의 구명을 위해 노력했다. 그 덕분에 이승만은 6년 만인 1904년 8월 풀려나 11월 고종의 밀서를 가지고 미국에 조선의 독립을 호소하러 갔다. 이때 언더우드가 유학 추천장 8통을 써서 교계, 학교 지도자들에게 보냄으로써 이승만이 미국에서 조지 워싱턴대(학사: 배재학당 학점 인정받아 2학년 2학기에 편입, 1907년 여름 졸업), 하버드대(석사: 1907년 가을부터 1년), 프린스턴대(박사: 1908년 가을부터 2년)를 6년 만에 마칠 수 있었고, 장차 대한민국 건국을 이루게 했으니 그의 육영선교는 혜안을 갖고 있었다고 하겠다.

일곱째, 연합 일치의 정신이다.

그는 장로교단 선교사이지만 다른 교단과 연합하는 각종 사역을 하며 조선에서의 교단별 선교지 분할 정책과 교회 일치와 연합(에큐메니컬) 운동에 앞장섰다. 여러 선교 사역의 책임을 맡아 그 소임을 다할 수 있었던 것은 그가 뛰어난 조직가로서 인화력과 남다른 추진력을 지니고 있었기 때문이다. 그는 근본적으로 일치와 연합의 에큐메니컬 정신이 있었다. 1890년대 들어 한국 선교가 자유로워지자, 각국의 교단과 교파 선교사들이 대거 한국에 오면서 교단과 교파 사이에 선교 경쟁이 벌어지게 되었고 신구교(新舊敎)의 갈등도 재연되었다. 그러나 교파 간의 선교 경쟁을 상호 협조의 호혜적 관계로 바꾼 것은 언더우드의 연합정신과 인화력 및 지도력 덕분이다. 그는 불가능하게 보인 교단, 교파 간의 선교지 분담을 성공시켜 선교기관과 교회 사이의 연합운동을 가능하게 했고 교파 간 분쟁을 사전 봉쇄했으며, 한국 교회와 기독교 기관들이 연합과 일치 운동의 전통을 갖게 했다.

언더우드는 기회가 있을 때마다 새문안 강단에 다른 교단의 교역자들을 세웠고 기독교 연합행사를 새문안교회에 유치해 교회 연합과 일치의 목회 철학을 실천했다. 그뿐만 아니라 〈그리스도신문〉 등 교회 연합 신문의 창간과 연합찬송가의 발간을 이루었고 많은 선교사의 강한 반대를 물리치면서 기독교 연합 교육기관으로 연희전문을 세운 것도 그의 연합정신 덕분이었다. 이러한 언더우드의 목회 철학과 연합 일치 정신은 새문안교회의 강신명, 김동익, 이수영, 이상학 목사로 이어져 오고, 전국 교회에 영향을 주고 있다. 따라서 언더우드의 정신적, 선교적 유산이 한국 교회에 영향을 주었기에 이를 계승, 발전해 나갈 책임이 한국 교회에 있다.

여덟째, 애국애족의 정신이다.

언더우드는 새문안교회를 통해 애국애족하는 한국 교회 상을 확립했다. 청일전쟁 후 어지럽던 국내 정세로 언더우드, 헐버트 선교사와 언더우드 부인 등은 고종과 왕후의 절대적 신뢰를 받았는데 을미사변으로 명성황후가 시해당하자 고종은 극도의 불안에 휩싸여 궁중 누구도 믿지 않았다. 오직 언더우드 선교사 등이 고종을 지키며 불침번을 서고, 독살을 우려해 식사를 직접 만들어 통에 날인을 찍어 진상하는 등 고종을 보호했다. 1896년 9월 2일에는 아관파천(俄館播遷)으로 러시아 공사관에 피신 중인 고종의 탄신일을 맞아 새문안교회 주관으로 모화관(慕華館, 독립문 옆)에서 고종 탄신 45주년 기념 특별예배를 드렸다. 찬송가 70장 '피난처 있으니'(원곡이 영국 국가)에 고종과 나라의 안녕을 바라는 가사를 붙여 불렀는데, 우리나라 첫 번째 애국가(새문안 애국가)이자 창가가 되었으며, 구국기도회의 시초가 되었다.

고종 탄신 기념식은 1년 후 1897년 8월 23일에도 새문안, 곤당골, 연동 등 시내 교인 300여 명이 모여 태극기와 십자기를 휘날리며 열었다. 1897년 10월 12일 대한제국이 선포되자 11월 11일에 독립관에서 '독립경축회'를 열고, 21일에는 미뤘던 명성황후 장례식도 열었다. 언더우드와 아펜젤러는 정동감리교회에서 명성황후 합동추도예배를 드렸는데, 아펜젤러가 마태복음 16장을 읽고 교회와 나라를 반석 위에 세우리라는 말씀을 주었고, 언더우드는 실의에 빠진 왕과 백성을 위로하는 설교를 했다. 모화관에 운집한 사람들에게는 찬양가 종이를 나눠 주어 제창했다. 이 집회를 계기로 기독교가 전국에 알려지고 애국 충성의 종교임을 백성들도 알게 되어 교회를 호의적으로 생각하는 계기가 되었다. 그 결과 1907년 평양대부흥으로 이어져 사대부 출신 개혁 지식층과 청년층, 여성, 평민, 천민들을 중심으로 교회가 빠르게 부흥해 성장하게 되었다. 1919년에는 1,700만의 2퍼센트도 안 되는 20~30만 기독교인이 3·1 운동을 주도하여 자주독립 정신을 드높이는 원동력이 되었다.

이러한 언더우드의 애국정신은 대를 이은 한국 사랑으로 이어졌다. 언더우드 2세 원한경은 언더우드의 외아들로 서울 정동에서 태어나 부친의 모교인 뉴욕주립대(교육심리학 전공)를 졸업하고 조선 선교사로 서원해 1912년 9월에 선교사로 다시 내한했다. 그는 경신학교 영어교사로 근무하고, 1917년에는 연희전문학교에서 한국 최초로 사회학 과목을 개설해 강의했으며, 1919년에는 3·1 운동을 맞아 제암리 학살 사건의 만행을 전 세계에 알렸다. 1921년 모친상을 당한 후 부친이 만든 『한영자전』 증보판과 『한영문법』 개정판을 낸 그는, 1923년 9월 다시 미국에 가서 교육학 석사, 박사를 마치고 1926년 7월 귀국했다. 그는 연희전문 교수, 부교장을 거쳐 1934년 에비슨에 이어 제3대 교장이 되었고 연희전문 발전에 크게 기여했다. 1941년 12월 태평양 전쟁이 일어나자 1942년 6월 일본에 의해 강제추방 당했다가 해방되어 한국으로 돌아와 미군정청 고문, 미소공동위원회 고문을 맡아 활동했고 새문안교회 장로로 섬긴 후 공로 목사로 추대되었다.

1949년 3월 17일 오후 부인 와그너 여사가 교내 사택에서 모임을 갖던 중 초인종 소리에 현관문을 열자, 6명의 연희전문 좌익학생들이 들이닥쳐 와그너 여사에게 총을 쏘았고, 여사는 세브란스 병원으로 옮기는 도중 운명하고 말았다. 범인 6명은 5일 만에 검거되었다. 그녀는 1912년 대학을 갓 졸업한 24세 때 한국에 와 서울외국인학교 교사로 섬겼고, 에델 언더우드 소녀 보육원을 설립해 운영했다. 원한경 장로는 슬픔을 안고 미국으로 갔으나 6·25 발발 소식을 듣고 다시 내한해 미군 고문단으로 참전하다 1951년 과로로 순직하였다.

원한경 장로는 4남 1녀를 두었는데 네 아들은 모두 목사, 선교사로 섬겼고, 그중 첫째인 원일한(元一漢, Horace Grant Underwood, 1917~2004) 장로는 한국에서 태어나 성장한 후 뉴욕 해밀턴 대학을 졸업하고 1939년 연희대학교 교수로 부임했다가 1942년 외국인 강제 추방 시 추방되었다. 해방 이후 부모와 다시 내한해 6·25 때 미군 해병 장교로 복무하고 휴전회담 수석 통역관으로 활약했다. 연세대 교수, 이사로 학교 발전에 기여했고, 새문안교회 장로로 섬겼다. 자서전 『한국전쟁, 혁명, 그리고 평화』(2003)가 있다. 4남 1녀의 후손들도 여전히 국내외에서 한국과 인연을 갖고 4대에 걸쳐 한국을 사랑하는 삶을 살고 있다.

새문안 창립자 언더우드 선교사님의 삶은 '넓은 날개(wide wings)와 복음의 불덩이(a bundle of fire)'의 삶이라는 캘리포니아주립대(UCLA) 한국학과의 교회사학자 옥성득 교수의 평가처럼 사랑과 관용의 가슴과 복음의 열정을 안고 예수 그리스도의 제자로 살았던 삶이었다. 그 믿음은 4대에 걸쳐 한국을 사랑한 언더우드 일가로 이어졌으며, 미국 북장로회 신학교 뉴브런스윅 신학교 출신 선교사로서 가장 모범적인 선교사의 삶으로 추앙되어 한미 양국 국민, 특히 청소년의 가슴에 위대한 선교사로 영원히 남을 것이다.

부록

언더우드 연보

언더우드 선교사

1859년 7월 19일 영국 런던에서 태어남

1865년(6세) 어머니를 여읨

1872년(13세) 미국으로 가족이 이민 감. 해스브루크 소년학교 입학

1877년(18세) 뉴욕대학교 입학

1881년(22세) 아버지가 돌아가심. 뉴욕대학 졸업. 뉴브런스윅 신학교 입학. 뉴욕대학에서 오지 선교 준비를 위한 의학 수업을 받음

1882년(23세) 고학하며 전국에 책 판매 여행을 통해 문서 선교의 토대 경험을 쌓음. 앨트먼 목사에게서 선교 불모지 조선의 이야기를 처음 들음

1883년(24세) 뉴저지 폼프턴에 있는 작은 교회 담임

1884년(25세) 뉴브런스윅 신학교 졸업. 인도 선교 문제로 갈등하고 있을 때 "조선에 왜 너 자신이 가지 않느냐?"라는 계시의 음성을 들음. 미국 뉴욕 라피엣 교회가 한국 선교사에 파송 임명. 뉴브런스윅 노회에서 목사 안수

1885년(26세) 한국에 옴(4월 5일 오후 3시 제물포 도착). 제중원 의학교에서 물리와 화학 강의. 서울 정동에서 집을 마련하고 주일예배 시작. 한국 최초의 성찬예배를 드림

1886년(27세) 고아원 개원(구세학당, 언더우드 학당, 영신학교, 경신학교로 발전). 김규식 입양. 한국인에게 최초의 개신교 세례를 줌. 마가복음을 아펜젤러와 함께 번역함

1887년(28세) 1. 23. 황해도 소래에서 세례를 베풂. 성서번역위원회 조직. 9. 27. 정동교회(현 새문안교회) 조직. 10월 말 제1차 서북지방 순회전도. 12. 25. 자택에서 성찬예배를 드림

1888년(29세) 2차 서북지방 순회전도—서경조의 아들 서병호에게 한국인 최초

유아세례를 줌. 3차 서북지방 순회전도 – 한국인 지방 책임자 임명

1889년(30세) 3. 14. 호턴(Horton) 양과 결혼. 북부지방으로 신혼여행(제4차 지방 순회전도). 조선인 학생 대상 신학반 운영. 4. 27. 정부의 전교 세례 금지 조치로 33인을 데리고 압록강을 건너가 세례를 줌

1890년(31세) 주일예배 때 남녀 분리 휘장을 치고 예배함. 한영자전, 영한자전, 한국어문법, 요리문답 등 책 간행. 대한성교서회조직, 총무직 맡음. 아들 원한경(Horace) 출생. 새문안교회 주일학교 시작

1891년(32세) 스크랜튼과 함께 마태복음 5장까지 개역. 3월 아내의 건강이 극도로 악화되어 1차 안식년 휴가로 미국 출발. 6월 뉴욕대에서 명예신학박사(D. D.) 학위 수여 받음

1892년(33세) 미국 거주. 한국 선교 호소 강연. 조선 선교지원자 남감리교단 테이트(Tate), 준킨(Junkin), 레이놀즈(Reynolds), 존슨(Jonson), 캐나다 의사 에비슨(Dr. Avison) 얻음

1893년(34세) 6월 언더우드 부인 진료소 개원. 진료소가 여성 예배 처소가 됨. 『찬양가』 150여 곡 발행. 곤당골에 교회 개척(현 승동교회). 남대문전도소 개척. 가을에 정동으로 이사. 10월 연례회의에서 언더우드 찬양가를 공인하지 않아서 언더우드 개인적으로 인쇄. 12월 초교파 환자휴양소(Fredrick Underwood Shelter) 개설

1894년(35세) 4월 평양박해사건. 언더우드 집에서 기도회. 여름에 선교사들 거의 질병에 걸림. 5차 지방 순회전도(소래지방). 4부 악보로 된 117곡을 수록한 첫 찬송집 『찬양가』 간행

1895년(36세) 언더우드 휴양소를 콜레라병원으로 전환. 새문안교회 새 예배당 건축. '정동교회'에서 '새문안교회'로 이름을 바꿈. 10월 고종이 언더우드 집에서 식사하고 언더우드는 밤마다 고종을 호위함

1896년(37세) 6차 서북지방 순회전도. 잔다리교회(현 서교동교회) 개척. 언더우드 역 『누가복음』 간행

1897년(38세) 〈그리스도 신문〉 발간. 매일 서너 시간씩 성경 번역. 여름에 열병으로 수주일간 고생. 8. 23. 대군주 폐하 탄신 경축대회

1898년(39세) 1월 평양 최초의 사경회. 7차 북부 순회전도. 새문안교회 제직회, 청년회 조직(당시 교인 531명, 학생 215명)

1899년(40세) 장로교 선교부 연합 조직. 8차 지방 순회전도. 요한복음 한글 학습서 『요한 공부(工夫)』 발행

1900년(41세) 9. 9. 『신약젼셔』 완역 감사예배. 10. 1. 가족과 황해도 방문. 소래교회 서경조 장로 장립

1901년(42세) 2차 안식년 출발. 인도양→이스라엘→유럽→미국 도착

1902년(43세) 9. 20. 제1회 장로회공의회 새문안교회에서 거행

1903년(44세) YMCA 이사로 피선. 새집을 건축함

1904년(45세) 언더우드 부인 『상투잡이와 함께 보낸 15년』 출간. 새문안교회 첫 당회(송순명 장로 장립). 조선교육협회장으로 뽑힘

1905년(46세) 여름에 소래 휴양지 개설. 재한복음주의 선교회 통합공의회 의장으로 뽑힘. 선교구역 확정. 단일 한국 교회 설립 결의. 11월 추수감사절 후 7일간 구국기도회. 〈The Korean Mission Field〉 창간

1906년(47세) 고종 태극훈장 하사. 한강교회 개척(현 노량진교회). 3차 안식년 휴가 출발(상해→런던→유럽→프랑스). 3년간 휴가(~1909. 5)

1907년(48세) 외국 체류. 새문안교회 현 위치(신문로 1가 42번지)로 이전

1908년(49세) 미국 체류. 뉴욕대학교, 프린스턴신학교에서 강의

1909년(50세) 8월. 귀국(스위스와 시베리아를 거쳐서 귀국)

1910년(51세) 5. 20. 새문안교회 벽돌 교회당 건축. 9월 장로교 최초의 7인 목사 중 한 분인 서경조 목사가 새문안교회 동사목사로 부임

1911년(52세) 서북지방 순회전도(의주 방문). 대한성교서회 새 건물 정초식(언더우드 회장). 가을에 전국 복음운동추진위원회 위원장

1912년(53세) 원한경(22세)의 대학 졸업식 참가. 뉴욕대학교에서 명예법학박사 학위 받음. 대학 설립금 52,000달러 모금. 피어선 성경학원 설립. 9월 조선예수교장로회 총회 창립, 초대 총회장으로 뽑힘

1913년(54세) 서울지역 주일학교 대집회 회장. '주님의 부요가 곧 나의 부요'라는 내용의 번역 책 간행

1914년(55세) 지방순회전도. 4. 6. 언더우드 한국 도착 30주년 기념식. 결혼 25주년(은혼식)

1915년(56세) 4. 12. 서울 YMCA회관에서 경신학교 대학부(연희전문학교 인가 4. 7.) 교장 취임. 성경 번역 계속 (이사야서 개역)

1916년(57세) 1월 초 총독부령에 의한 대학 강의의 일본어 의무 규정 때문에 일본어 학습 겸 일본 교계 교류 위해 동경에 가서 일본어를 공부하다가 건강 악화. 3월 한국 귀국 후 4월 신병 치료차 한국 교인들의 환송을 받으며 미국 버크셔 주 누이 집으로 떠남. 7~8월 더위로 건강 악화. 9월 애틀랜타 시로 옮겨 진료. 10. 12. 하나님의 부르심을 받음

– 새문안교회 역사관 제공

사명선언문

너희가 흠이 없고 순전하여……세상에서 그들 가운데 빛들로
나타내며 생명의 말씀을 밝혀 _ 빌 2:15-16

1. 생명을 담겠습니다
만드는 책에 주님 주신 생명을 담겠습니다.
그 책으로 복음을 선포하겠습니다.

2. 말씀을 밝히겠습니다
생명의 근본은 말씀입니다.
말씀을 밝혀 성도와 교회의 성장을 돕겠습니다.

3. 빛이 되겠습니다
시대와 영혼의 어두움을 밝혀 주님 앞으로 이끄는
빛이 되는 책을 만들겠습니다.

4. 순전히 행하겠습니다
책을 만들고 전하는 일과 경영하는 일에 부끄러움이 없는
정직함으로 행하겠습니다.

5. 끝까지 전파하겠습니다
모든 사람에게, 땅 끝까지, 주님 오시는 그날까지
복음을 전하는 사명을 다하겠습니다.

서점 안내

광화문점 서울시 종로구 새문안로 69 구세군회관 1층
02)737-2288 / 02)737-4623(F)

강남점 서울시 서초구 신반포로 177 반포쇼핑타운 3동 2층
02)595-1211 / 02)595-3549(F)

구로점 서울시 동작구 시흥대로 602, 3층 302호
02)858-8744 / 02)838-0653(F)

노원점 서울시 노원구 동일로 1366 삼봉빌딩 지하 1층
02)938-7979 / 02)3391-6169(F)

분당점 경기도 성남시 분당구 황새울로 315 대현빌딩 3층
031)707-5466 / 031)707-4999(F)

일산점 경기도 고양시 일산서구 중앙로 1391 레이크타운 지하 1층
031)916-8787 / 031)916-8788(F)

의정부점 경기도 의정부시 청사로47번길 12 성산타워 3층
031)845-0600 / 031)852-6930(F)

인터넷서점 www.lifebook.co.kr